DAS WORT ZUM MONTAG
HELMUT HUBACHER

D1669311

HELMUT HUBACHER

Das Wort zum Montag

KOLUMNEN

Mit einem Vorwort von Frank A. Meyer

ZYTGLOGGE

Inhalt

Vorwort von Frank A. Meyer 9

Von politischer Kultur 17

Gibt es noch Gemeinsames? 19

Blochers Dividende 22

Demokratie und ihre Politiker 25

Ist das noch ein Rechtsstaat? 28

Bundesrat reist zu seinem Volk 30

Appenzeller Nulltarif 32

«Chuzemischt» 35

Der Bundesrat – ein Weichei? 37

Luftkampf im Bundeshaus 39

Nebengeräusche im Bundeshaus 42

Hoffnungslos, aber nicht ernst 44

Der Abt und sein Wort zum Sonntag 46

Geistige Nichtschwimmer 48

Ist gut noch nicht gut genug? 51

Demokratie nicht ohne Politik 53

Anrufe spät in der Nacht 55

Sozialskandal: «Made in Italy» 58

20 Jahre Alpeninitiative 60

Die Demokratie hat Schlagseite 62

Die heimlichen Schönsprecher 65

Zu viel Gegeneinander 67

Wenn man sagt, was man nicht denkt 70

Die SP kanns nicht allen recht machen 72

Was beraten diese Berater eigentlich? 74

Scheinheilig 76

Die Steuerpolitik ist ein Dschungel 79

Ein Rücktritt und der Fichenskandal 81

Nationalkonservativer Freisinn 83

Das Phantom im Bundeshaus 88

Für einmal hat uns die SVP überrascht 91

Dürfen Politiker auch Fehler machen? 93

Von wirtschaftlicher Verantwortung 95

Geld oder Heimat? 97

Das Milliardenspiel 100

Endstation Milliardenloch 103

Ein bitterer «Sieg» 106

Wie viel ist viel Geld? 109

US-Inspektoren für die Schweiz 111

Mogelpackungen 113

Rote Rosen für unseren Staat 115

Bankgeheimnis und Datendiebe 117

Im Bundeshaus lauter Versager? 119

Angeblich wusste der Boss nichts 121

Bei uns wäre er ein freier Mann 123

Es weht die Fahne des Opportunismus 125

Das gab es noch nie 127

Professor serviert ganz scharfe Kost 130

Vertrauen ist das beste Humankapital 132

Nie genug! 134

Kaufen – nicht kaufen? 137

Wie viel halten Land und Volk aus? 140

Brandstifter sagen, die Lage ist ernst 142

Zuerst Geschenke, nun die Rechnung 144

Von gesellschaftlicher Entwicklung 147

Die schönste Nebensache 149

Wundertüte Schweiz 152

Egal, ob illegal? 155

Das Fräulein Frau 158

Wahlfieber 161

Bischof Gnadenlos 164

Um 20 Uhr ist in Basel Ruh 167

Der Doppelgänger 169

Rentenklau mit AHV? Unsinn 172

Ist die Armee diensttauglich? 174

Der Dorfpfarrer im Vatikan 176

Unter der Blüemlisalp 179

Sag zum Abschied leise Servus! 182

Wenn das Grossmutter wüsste 184

Ein fatales Urteil des Bundesgerichts 187

Voll daneben 189

Aktenzeichen AHV – Stau im Bundeshaus 192

Postauto nach Lü – Bahn nach Boncourt 194

Mit fünfzig zu alt? 196

Unsere Gesellschaft und ihre Hooligans 199

Sozial ist das nicht 201

Halt schweizerisch: Schritt für Schritt 204

Gugelhopf mit Weinbeeren 206

Von der Schweiz, Europa und der Welt 209

Wir Eidgenossen 211

Kompliment aus Prag 214

Unsere Nachbarn und wir 217

Wo ist das Grab der Demokratie? 220

Schleichender EU-Beitritt? 222

Der letzte Tango mit Washington? 224

Pakt der Vernunft lästige Kumpanei? 226

Einst populärer als unsere Bundesräte 228

Jetzt ist es auch noch «Hitlers EU» 230

Vom bilateralen Weg ab in die Sackgasse 232

Kurden kämpfen auch für unsere Freiheit 234

Frankenkrise und Bruch mit der EU? 236

Unser gemeinsames Haus 238

Endloses Drama in Griechenland? 241

Vorwort

Wie nähert man sich biographisch einem Menschen, der einem auch tatsächlich nahe ist, weil er immer schon da war, wo man selber war, zum Beispiel in der Politik, also in Bern, oder als Kolumnist in den Medien? Versucht man es mit der Erinnerung, erweist sie sich als unpräzis: Wann bin ich Helmut Hubacher zum ersten Mal begegnet? Ich weiss es nicht. Sicher ist nur, dass es in den sechziger Jahren war, in den frühen Jahren meines journalistischen Lebens.

Der Sozialdemokrat Helmut Hubacher gehörte mit dem Christdemokraten Leo Schürmann zu meinen ersten Gesprächspartnern im Bundeshaus. Das war damals viel für einen Twen mit langen Haaren, denn junge Schreiber mit dem Anspruch, die Schweiz zu erneuern, wurden vor 50 Jahren eher selten Bundeshausjournalisten, zumal für namhafte Zeitungen, in meinem Fall die Basler *National-Zeitung*, «die linke NZZ», wie man zu sagen pflegte, dann auch für das *Sonntags-Journal*, eine Gründung durch prominente Intellektuelle: Friedrich Dürrenmatt, Jean-Rodolphe von Salis, Markus Kutter und Rolf R. Bigler.

Es ist die Erinnerung an eine Zeit von ganz besonderer politischer Kultur – ein freundlicher Begriff für die Bundespolitik in Zeiten des Kalten Krieges: Sie war ideologisch vergiftet und oft von Hass erfüllt. Helmut Hubacher erlebte diesen Hass. An ihm wurde er abreagiert. Wie? Die *Neue Zürcher Zeitung*, kein Blatt, das die Grenze nach ganz rechts klar zu ziehen vermochte, formulierte den Namen des Basler Nationalrates selten ohne herabsetzendes Attribut. Er provozierte gleich zu Beginn seiner parlamentarischen Karriere. Allein schon durch das politische Thema, das er wählte: Er war fasziniert vom Militär, von der Armee, von der Landesverteidigung. Das galt als dubios: Ein Linker, ein kritischer

Kopf drängte in den heiligsten Bezirk der eidgenössischen Politik! Die Staatsschützer spitzten die Ohren. Und «die Bürgerlichen», wie sich die Rechte schon damals anmassend exklusiv zu nennen beliebte, machten mobil.

Ich sehe den Unruhestifter Hubacher noch vor mir, wie er, nahezu einsneunzig gross, durch die Wandelhalle des Parlaments schlenderte – ja, schlenderte: aufrecht, den Kopf erhoben, eine elegante Erscheinung, bürgerlicher als alle Bürgerlichen, weil so gar nicht spiessig, ungewohnt anders, weshalb verdächtig, gerade darum auch respektgebietend.

Es war die Zeit des «Mirage-Skandals»: Die Beschaffung des französischen Kampfflugzeuges wurde aufgrund helvetischer Sonderwünsche doppelt so teuer wie vorgesehen – und schliesslich nur die Hälfte der Jets beschafft. Helmut Hubacher erlebte seine politische Feuertaufe. Das Traktandum Rüstung liess ihn nie mehr los. Er kritisierte ätzend die Installation des Fliegerabwehrsystems Florida, ebenso die Lizenzproduktion des Panzers Leopard, der von der deutschen Firma Krauss-Maffei viel billiger ab Stange angeboten wurde, aber als Fertigprodukt kein Geschäft für die schweizerische Rüstungsindustrie gewesen wäre.

Im Rückblick lässt sich vergnügt über diese Ereignisse berichten. Damals schien es ums Ganze zu gehen. Ganz besonders für Helmut Hubacher: Sein Telefon wurde überwacht, sein militärischer Berater verhaftet, er selbst vor die Bundespolizei zitiert. Seine parlamentarische Immunität sollte aufgehoben werden, um ihn juristisch zum Schweigen zu bringen. Der Christdemokrat Leo Schürmann verhinderte den skandalösen Akt.

Schweizerland gemahnte an Stasiland: Die politische Polizei schaltete und waltete, als habe sie eine Ausbildung bei Mielkes

Tscheka in der DDR absolviert. Doch milderten Demokratie und Rechtsstaat die Spitzeleien der Spitzbuben vom Staatsschutz.

So spannungsgeladen war damals die Stimmung zwischen den Fronten des Kalten Krieges. Die Macht im Land beanspruchten die Freisinnigen, politisch wie wirtschaftlich, allerdings weder kulturell noch intellektuell. Kultur und Intellektualität waren Domänen der Linken: der Sozialdemokraten und ihrer Sympathisanten, zu denen – allen voran – Max Frisch, Friedrich Dürrenmatt und Adolf Muschg zählten; in ihrem Gefolge debütierte die Jurasüdfuss-Literatur von Jörg Steiner über Peter Bichsel bis Otto F. Walter, allesamt, wie sich später herausstellte, erfasst in den Fichen der Bundespolizei als subversiv und potentiell landesverräterisch.

Von den politischen und wirtschaftlichen Machthabern der sechziger und siebziger Jahre blieb kaum ein Name im kollektiven Gedächtnis. Mit Frisch und Dürrenmatt und Muschg und Bichsel und all den weiteren Verdächtigen kann der Staat bis heute Staat machen.

Auch Helmut Hubacher, Stein des Anstosses auf der politischen Linken, ist immer noch ein Begriff – einem Felsen gleich, über den die Wellen der Diffamierung hinwegschwappten. Seine Gegner, oft genug verbissene Feinde, kamen und gingen – er blieb.

Vor allem blieb er vergnügt, was ihm den Vorwurf eintrug, ein Spieler zu sein – ein Irrtum aus böser Absicht. Spieler war Helmut Hubacher nie, verspielt dagegen sehr: weil er die Politik liebte. Was heisst: liebte? Er liebt sie. Jeden Tag.

Dem Ernst des politischen Geschäfts widmete er sich auch in hektischen Stunden mit geradezu aufreizender Gelassenheit, nie verbissen wie etwa die Achtundsechziger, denen er väterliche Zuneigung entgegenbrachte, mehr aber auch nicht. Die aufgeregt nachdrängende Generation war dem Arbeitersohn und gelernten Stationsbeamten fremd in ihrem kindischen Revolutionsgehabe. Später, als sozialdemokratischer Parteipräsident, hütete er die älter gewordenen, aber immer noch nicht erwachsenen Bürgerkids aus den Nobelquartieren der Städte wie ein liebevoller Kindergärtner. Sie hatten zur Partei gefunden, um diese, versteht sich, «revolutionär» umzugestalten.

Die Rolle als Integrator trug Helmut Hubacher den Vorwurf ein, er habe es unterlassen, die SPS auf eine Strategie festzulegen. Was zutrifft, jedoch der Erklärung bedarf: Die Partei wandelte sich von der Kulturbewegung der Arbeiter zur Kulturbewegung des lohnabhängigen Mittelstandes. Es knirsche, knackte und knallte im Sozi-Gebälk. Der Präsident hielt den Laden zusammen – den einen galt er als Rechter, den andern als Linker, weshalb ihm der Kraftakt auch gelang.

Vergnügt, verspielt, in die Demokratie verliebt: Das war – das ist – dieser Berner-Basler-Schweizer, dem das Verbiesterte des Zürchers völlig fehlt.

In den achtziger bis in die späten neunziger Jahre erfuhr der Berner Parlamentsbetrieb eine fast schon spektakuläre Kultivierung. Es war kein Wunder, sondern Folge einer fatalen Entwicklung: Der Freisinn, seit 1848 stolz-arrogante Staatspartei, wandelte sich zur Antistaatspartei – unter der einfältigen Parole: «Mehr Freiheit, weniger Staat.»

Diese ökonomische Kehre führte zur Gegenreaktion der kultivierten FDP-Liberalen, die sich plötzlich auf dem linken Flügel wiederfanden, ohne sich als Linke zu begreifen. Sie wollten einfach nur kultiviert argumentieren, da sie intellektuell bestens ausgestattet waren – und neugierig auf Andersdenkende, zumal auf echte Linke.

Ein kleines Wunder begab sich dennoch in der FDP: Ulrich Bremi, der «Bismarck der Schweizer Wirtschaft», wie ich ihn einmal in einer Rede nannte, wurde Fraktionspräsident – und erteilte den Abweichlern vom Antistaatskurs immer wieder das Wort, ja er forderte sie auf, sich kritisch einzumischen und den neoliberalen Gottesdienst zu stören.

Hier seien einige jener dissidenten, weil wahrhaft liberalen Lichtgestalten aufgezählt: Rhinow, Schoch, Schiesser, Petitpierre, Tschopp, Salvioni. Es waren etliche. Sie wunderten sich über die Zuwendung durch den Machtmenschen aus Zürich. Bremi erklärte sich mit folgenden Worten: «Das sind meine Grenzbefestigungen.» Inzwischen ist das freisinnige Fort der Freiheit bis auf die Grundmauern geschliffen, der Geist von 1848 verweht.

Unter Bremi als Nationalratspräsident wurde 1991, anlässlich der 700-Jahr-Feier der Schweizerischen Eidgenossenschaft, Friedrich Dürrenmatts Stück *Herkules und der Stall des Augias* im Parlament aufgeführt. Man stelle sich das SVP-Gegröle vor, würde ein Ratspräsident heute ähnliches beabsichtigen. *Der Spiegel* bat den höchsten Schweizer damals zum grossen Interview.

Auch Helmut Hubacher wusste den Sinn des Zürchers für demokratische Kultur zu schätzen: Gemeinsam mit Ulrich Bremi setzte er eine parlamentarische Untersuchungskommission gegen den Überwachungswahn der Bundespolizei durch. Deren Präsident wurde Moritz Leuenberger. Später wählte man Leuenberger in den Bundesrat, nicht zuletzt wegen der Arbeit, die er als PUK-Präsident geleistet hatte.

Der Sumpf der Geheimdienste war tief: Bei sieben Millionen Einwohnern galten 900 000 Bürgerinnen und Bürger als verdächtig und waren deshalb registriert. Die PUK wurde zum Triumph für Helmut Hubacher, persönlich und politisch: Moritz Leuenberger packte das Pack am Portepee.

Allerdings waren Triumphe, die Hubacher übrigens nie feierte, eher selten, Niederlagen dagegen häufig: Seine Volksinitiative gegen das Bankgeheimnis wurde massiv verworfen. Sie hätte der Schweiz viel Ungemach erspart, mit dem die Politik in Bern noch immer ringt – und das die Banken in Zürich, Lugano und Genf zu Ablasszahlungen in Milliardenhöhe zwingt.

Peter Bichsel hat den nationalen Geldglauben in seinem Buch *Des Schweizers Schweiz* so erklärt: «Wir sind nicht alle reich, aber wir denken wie Reiche.»

Hubachers grösste Niederlage allerdings war die Nichtwahl von Lilian Uchtenhagen als Bundesrätin. Er hatte eine Lippe zuviel riskiert, indem er den Sozialdemokraten Otto Stich für inakzeptabel erklärte. Worauf Otto Stich gewählt wurde. Worauf Helmut Hubacher den Austritt der SPS aus dem Bundesrat betrieb. Worauf der sozialdemokratische Parteitag den Verbleib im Bundesrat beschloss. Worauf Otto Stich den Rücktritt von Helmut Hubacher betrieb. Worauf der Parteitag den Parteipräsidenten mit über 90 Prozent der Stimmen bestätigte. Worauf Helmut Hubacher weitermachte.

Der unerschütterliche Kämpfer sagt es so: «Man muss verlieren können.» Richtig, denn dann ist der nächste Sieg nur umso schöner. Und das Ganze reimt sich auf: Demokratie.

Helmut Hubacher ist ein sicherer Wert unserer offenen, im Wortsinne bürgerlichen Gesellschaft.

Schaut nun in diesem Buch einer aus einer anderen Epoche auf unsere Tage herab? In keiner Weise! Helmut Hubacher steht fest in dieser Zeit, mit dem Standbein wie mit dem Spielbein. Seine Zeilen und Worte in Kolumnen und Interviews sind nie Betrachtung, sondern immer Einmischung: auf Wirkung bedacht, auf Erklärung, auf intellektuelle Durchdringung.

Mit wem wäre dieser Autodidakt am ehesten zu vergleichen? Mit Willi Ritschard, dem legendären Bundesrat, dem Max-Frisch-Freund, dem Peter-Bichsel-Vertrauten. Auch Ritschard war intellektueller Autodidakt. Über diesen heute seltenen Status sagte einst der grosse deutsche Intellektuelle und sozialdemokratische Vordenker Peter Glotz: «Auch wer studiert, muss sich als Autodidakt verhalten, sonst bringt er es nie zum Intellektuellen.»

Die Attitüde des Elder Statesman ist Helmut Hubacher fremd. Reden und Schreiben bedeuten ihm – ganz im Sinne Sartres – immer auch Handeln.

Wie könnte er anders? Die Zeit ist jung!

Frank A. Meyer

Von politischer Kultur

«Sagen, was man denkt, und tun, was man sagt.»

Gibt es noch Gemeinsames?

Was ist eigentlich gute Politik? Schwierige Frage, die schwer zu beantworten ist. Sie erinnert mich an Erich Kästner. An seine «Frage eines Kindes» nämlich: «Was tut der Wind, wenn er nicht weht?»

Politik hat nicht den besten Ruf. Was heisst das, nicht den besten? Sie hat einen schlechten Ruf. So ist es. Man könnte nicht meinen, dass im Bundeshaus die von uns gewählten Volksvertreter regieren. Für Blocher sind sie die «Classe politique». Eher schon miese Gestalten, denen man nicht trauen dürfe, weil ihnen alles zuzutrauen sei. Er und seine Spezis zählen sich nicht dazu. Gemeint sind alle anderen.

Die Schweiz ist eine Konkordanzdemokratie. Parteien von ganz rechts bis links bilden die Regierung. Gemäss dem Duden bedeutet Konkordanz «Übereinstimmung». Politische Gegner sind auch Partner. Das gibts nur in der Schweiz. Die Demokratie braucht den Ideenwettbewerb der Parteien. Die haben unterschiedliche Interessen, Programme, Ziele. Wenn es aber um die Schweiz geht, um unser Land, um das Ganze also, dann ist das Gemeinsame stärker als das Trennende. So wars jedenfalls.

Darf man notieren, die Schweiz sei eine Bilderbuchdemokratie? Man darf. Mit dem Vorbehalt, wie lange noch? Die Zeichen stehen auf Umbruch. Dann heisst es wie im Märchen: Es war einmal. Wir gehen deshalb verunsichert ins Wahljahr 2011. Mit dem ungiten Gefühl, besser wird es wohl nicht.

Für Toni Brunner sind alle anderen «Bünzli-Parteien». Es gibt bösere Vorwürfe. Verachtend ist die Aussage dennoch. Und arrogant. Brunner hat das nicht zufällig bemerkt, sondern kalkuliert. Demokratischer Respekt vor Andersdenkenden hat ihn der Chefstratege ja nicht gelehrt. Wenn eine Partei noch wisse, wo Gott hocke und was die Schweiz brauche, dann die SVP. Niemand sonst. Das ist die Glaubenslehre des Meisters.

Kriminelle Ausländer sind für die Gesellschaft ein Problem. Wie kriminelle Schweizer auch. Bei der SVP ist der kriminelle Ausländer ständig im Einsatz. Wie jetzt bei der Abstimmung über die Waffeninitiative. Wieder einmal wird er schweizweit plakatiert. Der Schweizer Soldat müsse sein Sturmgewehr daheim aufbewahren können. Der kriminelle Ausländer sei schliesslich bewaffnet. O mein Gott, was wäre die SVP ohne ihn?

Zum Feindbild gehört auch die Europäische Union. Sie bedrohe unsere Unabhängigkeit und Freiheit plus die Neutralität. Dass eine Partei gegen den EU-Beitritt ist, ist demokratischer Alltag. Was stört, ist die Politik der Einbahnstrasse Bern–Brüssel. Als ob die Schweiz allein tun und lassen könnte, was sie will, als ob die EU nicht ihr wichtigster Handelspartner wäre. Als ob die Schweiz nicht immer neu den Aufbruch aus der Enge aushandeln müsste. Das Verhältnis Schweiz–EU ist die Existenzfrage schlechthin. Bei dessen Gestaltung ist die stärkste Partei ein Totalausfall. Sie kassiert einfach Stimmen von jenen, die am liebsten von «Brüssel» nichts wissen möchten. Genau das geht halt nicht. Es gibt die EU nun einmal.

Zum Staat hat die SVP ein gestörtes Verhältnis. Grob gesagt ist es so: Bauernstaat ja, Sozialstaat nein. Nun kann auch die SVP nicht brutalen Sozialabbau betreiben. Das würden ihre Wähler nicht goutieren. Der Sozialstaat wird wie ein lästiges Überbein behandelt. Und im Übrigen wird Staat weitgehend mit zu viel Bürokratie und Geldverschwendung gleichgesetzt. Dafür sind Vaterland und Patriotismus hoch im Kurs. Warum nicht? Das Problem allerdings ist ein anderes.

Die SVP tut, als ob sie allein für das Wohl der Schweiz einträte. Sie weiss zum Beispiel, was gute bürgerliche Politik ist. Die von CVP und FDP jedenfalls nicht. Sie werden ja dafür verantwortlich erklärt, dass der Bundesrat eine Mitte-links-Regierung sei. Konkret heisst das, CVP/FDP würden zu viele sozial- und europolitische Kompromisse mit der SP eingehen. Deswegen seien konservative Wähler vom rechten Flügel zur SVP übergelaufen. Freisinn und Christdemokraten wurden von der Blocher-Partei rechts überholt.

Man muss schon fast hoffen, alle drei Antipoden der SVP könnten im Oktober zulegen. Man kann die Konkordanz über Bord schmeissen. Aber man muss wissen, was das heisst: mehr Macht für die SVP. Nun ist ihre Wahlkampfmaschine die finanzstärkste. Diese Partei hat mehr Geld als alle anderen zusammen. Wer meint, das sei nicht gefährlich, denkt naiv. Zu naiv. Wir alle stehen auf dem Prüfstand: Was ist gute Politik?

(Schweizer Illustrierte, 17. 1. 2011)

Blochers Dividende

Die Schweiz ist schon ein seltsames Land. Unsere Frauen bekamen als letzte in Europa das Stimm- und Wahlrecht. 1971, vor genau vierzig Jahren. Und jetzt haben sie im Bundesrat sogar die Mehrheit. Wie nehmen wir das hin? Cool. Als ob es selbstverständlich wäre. Dabei steht die Schweiz mit ihrer Frauenregierung ziemlich einsam da. Dafür dürfen wir uns ruhig mal selbst gratulieren.

Ich weiss, nicht alle finden den Frauenvierer im Bundesrat toll. Im Zug schimpfte ein gestandenes Mannsbild wüst: «Nun haben wir den Dreck mit dieser Weiberherrschaft.» Er meinte den Ausstieg aus der Atomenergie. Beschlossen vom Bundesrat mit 4:3. Die vier Frauen überstimmten die drei Herren. Das ist neu, nein, das ist eine politische Sensation. Es lohnt sich, für ein paar Zeilen dabei zu verweilen.

Lassen wir die persönliche Wertung beiseite. Die einen klatschen Beifall, andere sind sauer. Mich interessiert etwas anderes. Mir imponiert der politische Mut der vier Frauen im Bundesrat. Sie haben sich auf eine Art durchgesetzt, die ungewöhnlich ist. Gegen die stärkste Wirtschaftsmacht im Land nämlich. Gegen die Atomlobby und ihre Economiesuisse. Ich weiss nicht, wann diese Herrschaften zum letzten Mal vom Bundesrat schachmatt gesetzt worden sind. Ob überhaupt einmal. Wenn ja, müssen Jahrzehnte vergangen sein.

Economiesuisse hiess früher Schweizerischer Handels- und Industrieverein, «Vorort» genannt. Weshalb das? Der Verband besass ein einmaliges Privileg. Er hatte im Bundeshaus ein eigenes Büro. Er war also vor Ort. Unverschämter hätte nicht markiert werden können, wie sehr der «Vorort» mitregierte. Oder gar herrschte. Das Büro musste aus Gründen der politischen Hygiene geschlossen werden. Das Beziehungsnetz zwischen Politik und Wirtschaft funktioniert nun subtiler. Nicht weniger wirksam.

Wichtige wirtschaftspolitische Entscheide werden nicht ohne und schon gar nicht gegen die Economiesuisse gefällt. Deshalb hat der AKW-Ausstiegsbeschluss schon fast etwas Historisches. Der Bundesrat handelte gegen den mächtigsten Wirtschaftsverband. Damit auch gegen die Atomlobby. Deren Stromkonzerne sind Mitglied bei der Economiesuisse. Und zahlen Millionen in die Verbandskasse.

Das Einmalige beim Atomausstieg liefert der Bundesrat. Die vier Frauen haben es gewagt, zu tun, wofür sie gewählt sind: Sie regieren. Sie betonen das Primat der Politik und lassen sich den Entscheid nicht von Verbandsfunktionären vorschreiben. Frauen politisieren offensichtlich unabhängiger. Sie sind weniger mit den Mächtigen verfilzt. Sie haben den Mut, den wir beim angeblich starken Geschlecht allzu oft vermissen.

Ein AKW-Ausstieg bereitet Micheline Calmy-Rey und Simonetta Sommaruga keine Probleme. Schliesslich hat sich die SP bereits 1978 von der Atomenergie verabschiedet. Rot war für sie schon immer das schönste Grün. Und mit der Economiesuisse haben die zwei SP-Frauen auch kein Verhältnis.

Schwieriger haben es Doris Leuthard und Eveline Widmer-Schlumpf. Die Atomenergie ist für Bürgerliche so etwas wie eine politische Glaubenslehre. Sie aufzugeben, fällt schwer. Sich also gegen die Atomlobby durchzusetzen, ist nicht einfach selbstverständlich. Ihre Kollegen im Bundesrat hätten das nicht geschafft. Dazu braucht es emanzipierte Frauen.

Energieministerin Leuthard trägt dabei die besondere Verantwortung. Sie hat sich den Entscheid bestimmt x-mal überlegt. Und die Begründung dafür mehr als zehnmal hinterfragt. Aber was wäre die Alternative gewesen? Weiter so wie bisher? Damit ab 2030 zwei neue Atomkraftwerke? So für weitere sechs bis sieben Jahrzehnte Atomstrom und mit dem «Restrisiko» leben müssen? Das Volk hätte rebelliert.

Freisinnige Schlaumeierpolitiker möchten ein Moratorium von zehn Jahren. Andere fordern mehr Forschung. Dem sagt man Verzögerungspolitik. Mit dem Antrag auf Ausstieg gibts Klarheit. Industrie und Gewerbe können endlich langfristig planen. Können tun, was die deutsche Regierung bereits beschlossen hat: umstellen auf erneuerbare Energien. 2022 geht das letzte deutsche AKW vom Netz. Eines steht fest: Merkel & Co. sind nicht etwa verrückt geworden.

Der Clou beim Ganzen. Wäre Christoph Blocher 2007 als Bundesrat nicht abgewählt worden, sässe Eveline Widmer-Schlumpf nicht auf seinem Platz. Es hätte den Frauenvierer nicht gegeben. Damit auch keinen Ausstiegsbeschluss. So aber profitieren wir von Blochers Abwahldividende.

(Schweizer Illustrierte, 6. 6. 2011)

Demokratie und ihre Politiker

Western mit John Wayne in der Hauptrolle sind Filmklassiker. Dazu gehört der Saloon, dort hängen Cowboys lässig herum, den Colt stets griff- und schussbereit. Ein versoffener Pianist klimpert auf dem Klavier. Der Wirt ist um ihn besorgt. Er plakatiert den Wunsch: «Man bittet, nicht auf den Klavierspieler zu schiessen, er tut sein Bestes.»

Irgendwie erinnert mich der Pianist an Politiker. Vergleiche hinken bekanntlich. Aber es gibt Leute, die Politiker als Freiwild betrachten. Wie kürzlich hier: «Politiker sind wie Windeln: Früher oder später stinken sie alle.» Das war unappetitlich formuliert. Erst noch mit Blick auf die eidgenössischen Wahlen. Also sind Schweizer Politiker gemeint. Lumpenpack sozusagen.

Silvio Berlusconi ist ein abscheulicher Politiker. Eine Schande für Italien. Grossmutter hätte gesagt, ein «Rabenaas». Was genau sie damit gemeint hatte, habe ich nie herausgefunden. Ein Kompliment wars bestimmt nicht.

Es gibt leider zu viele Berlusconis. Deswegen «stinken» nicht gleich alle Politiker. Sonst dürfte ich mich nirgends mehr öffentlich zeigen. Und in dieser ehrenwerten Zeitschrift schon gar nicht Kolumnen schreiben. Verallgemeinerungen sind immer falsch. Nie sind alle gleich. Weder Musiker, Schwinger, Manager, Hebammen, Künstler, Chauffeure noch Politiker.

Pauschale Politikerbeschimpfungen sind zudem demokratiefeindlich. Demokratie ist nun mal nicht ohne Politik zu haben. Politik nicht ohne Politiker.

Soeben haben wir gewählt. Schicken wir nun «Stinker in Windeln» ins Bundeshaus? Wer das meint, macht auch noch das Stimmvolk verächtlich. Dann wirds absurd. Es gibt beidseits, bei den Wählenden und den Gewählten, Egoisten, Idealisten, Realisten und andere. Darf ich Sokrates zitieren? Der alte griechische Philosoph ist immer hilfreich. Er soll gesagt haben: «Wer zu klug ist, um sich politisch zu engagieren, wird dadurch bestraft, dass er von Leuten regiert wird, die dümmer sind als er selbst.»

An Herausforderungen wird es den Neugewählten nicht fehlen. Auf die kleine Schweiz warten in dieser globalisierten Welt harte Zeiten.

Am 14. Dezember tagt die Bundesversammlung. Um die sieben Bundesräte zu wählen. Sechs Bisherige treten an. Drei Frauen und drei Männer. Die vierte Frau, Micheline Calmy-Rey, kandidiert nicht mehr. Punkto «Minister», wie Regierende im Ausland heissen, hält die Schweiz den Weltrekord. Seit 1848, in 163 Jahren folglich, gabs bisher nur 114 Bundesräte. Dieses Kontingent reichte in Italien für keine zehn Jahre aus.

SVP und FDP läuteten im Wahlkampf die Glocken der Heimat. Die SVP mit dem Alleinanspruch: «Schweizer wählen SVP». Die FDP politisiert «Aus Liebe zur Schweiz» – Fulvio Pelli startet mit dieser Botschaft auf dem Velo und im Renndress zur politischen Tour de Suisse. Da muss der Parteichef schon nahe an der Verzweiflung gewesen sein, um sich in einem solchen Outfit zu präsentieren.

So zu tun, als ob sich die Schweiz selber genüge, mag ja ganz schön patriotisch sein. Hilfreich ist das nicht. Denn die Schweiz steht von aussen unter Druck wie kaum je zuvor. Stichwort Bankgeheimnis.

Auch die Europäische Union wird unangenehm. Die Schweiz hat mit ihr über hundert Abkommen abgeschlossen. Bei jeder Änderung müssen sie neu verhandelt werden. Die EU führt mit keinem Mitgliedsland so viele Gespräche wie mit der Schweiz. Das gehe so nicht mehr weiter, mahnt Brüssel. Und blockiert vorerst mal neue Abkommen. Da werden Politik und Diplomatie herausgefordert.

Der harte Franken ist Gift für Export und Tourismus. Zeitweise war der Wechselkurs zum Euro fast 1 : 1. Nun hat ihn die Nationalbank auf 1.20 Franken fixiert. Konrad Hummler, Privatbanker, sagt dazu: «Wer in einem Portefeuille 50 Prozent Franken und 20 Prozent Euro hielt, verfügt jetzt de facto über 70 Prozent Euro.» Im Klartext: Die Schweiz ist mit der EU enger liiert, als viele wahrhaben möchten.

Die AKW-Katastrophe in Japan illustriert, wie Politik beeinflusst wird. Ohne Fukushima wäre der Ausstieg aus der Atomenergie noch keine Option.

Die Wirtschaft ist globalisiert. Die ausser Rand und Band geratenen Finanzmärkte machen ihr zu schaffen. Auch Politik wird internationaler. Ihr gewachsen zu sein, muss mit dem Personal gelingen, das wir gewählt haben. Beschimpfungen bringen uns nicht weiter. Man braucht Politiker nicht zu lieben. Es genügt, sie vielleicht zu mögen und zu respektieren.

(Schweizer Illustrierte, 24. 10. 2011)

Ist das noch ein Rechtsstaat?

Der frühere Basler SP-Nationalrat Andreas Gerwig hatte im Ratsplenum wieder mal verbal zugeschlagen: «Die Schweiz ist eine Demokratie, aber kein Rechtsstaat.» Den Aufschrei der Empörung von Bürgerlichen hätten Sie hören sollen. Er passte zum Film «Mais im Bundeshaus». Etwa hundert Abgeordnete protestierten – und gratulierten einander gleichzeitig quer durch den Ratssaal. Es ging zu wie an einem Stammtisch.

Sagt Ihnen der Name Hans-Rudolf Merz etwas? Genau, der Bundesrat. Vor anderthalb Jahren hörte er auf. Und hinterliess Blutspuren. Er hat Gerwigs Formulierung bestätigt.

Zug bietet Weltkonzernen und Holdinggesellschaften ein höchst angenehmes Steuerklima. Der weltgrösste Rohstoffkonzern Glencore etwa hat in Zug seinen Hauptsitz. Für 2011 wird ein Umsatz von 164 Milliarden Dollar gemeldet. Doppelt so viel wie Nestlé. Der Boss des Giganten heisst Ivan Glasenberg. Er besitzt 15,8 Prozent der Aktien. Daraus resultiert eine ordentliche Dividende: 109 Millionen Dollar. Das Spezielle: steuerfrei! Glasenberg wohnt in Rüschlikon. Gemeinde, Kanton und Bund bekommen von ihm keinen Franken. Dank Hans-Rudolf Merz.

Glencore hat für 2011 als zweite Tranche 692 Millionen Dollar Dividenden ausgeschüttet. Für die Schweiz werfen sie keine Steuern ab.

Ich hoffe doch sehr, dass Sie sich darüber aufregen und fragen: Wie ist das möglich?

Es geht um die Unternehmenssteuerreform II. Nach dem Ja im Parlament lancierte die SP das Referendum. Deshalb stimmten wir 2008 darüber ab. Es gab eine hauchdünne Mehrheit. Hätten wir alles gewusst, wäre sie wohl abgelehnt worden.

Soll das heissen, das Stimmvolk sei angelogen worden? Ja, anders kann ich es nicht formulieren. Im «Bundesbüchlein» war über Steuerausfälle nichts zu lesen. Doch – sie seien nicht der Rede wert. Am 14. Januar 2008 erklärte Finanzminister Hans-Rudolf Merz an einer denkwürdigen Pressekonferenz die Vorlage. Profitieren würden, wörtlich: «Die Maler, Apotheker, Garagisten, Floristen und Metzger.» Auf einmal wusste Merz exakt über die Steuerausfälle für den Bund Bescheid: 56 Millionen Franken.

Die «Neue Zürcher Zeitung» schätzt die Steuerausfälle auf zehn Milliarden Franken. Andere rechnen mit dem Dreifachen. Statt Floristen kassieren Konzernchefs. Ivan Glasenberg allein 109 Millionen Dollar. Er ist damit nicht alleine, sondern in guter Merz-Gesellschaft.

Wie sagt man? Wer viel Geld hat, wird von der Politik geschützt oder von der Polizei gesucht. Was mit dieser Unternehmenssteuerreform II geschah, ist übel. Der Finanzminister trickste und verschwieg gegenüber Bundesrat, Parlament und Stimmvolk Folgen und Nebenwirkungen seiner «Medizin». Das ist eine unsägliche «Sauerei». Da stellt sich automatisch die Frage, ob denn die Schweiz ein Rechtsstaat sei? Das überhaupt fragen zu müssen, ist für eine Demokratie schon gefährlich.

(Basler Zeitung, 10. 3. 2012)

Bundesrat reist zu seinem Volk

Bundesräte reisen häufiger nach Peking als etwa nach Schaffhausen. In China geht es um Wirtschaftsinteressen. In Schaffhausen suchte der Bundesrat diese Woche Volksnähe. Er verlegte seine obligate Mittwochsitzung an den Rheinfall. Und soll dort, wie wir hören, begeistert empfangen worden sein.

Der 1979 zurückgetretene Bundesrat Rudolf Gnägi verriet mal seine Gemütslage: «Es ist schön, Bundesrat zu sein. Überall wird einem der rote Teppich ausgerollt.» Das war symbolisch gemeint. Dazu sind Bundesräte immer eingeladen. Sie könnten das Portemonnaie ruhig zu Hause lassen.

Der 1983 im Amt verstorbene Bundesrat Willi Ritschard schilderte mir angeblich lästige Schmeicheleien. Er hatte Gartenwerkzeug eingekauft. Der Geschäftsinhaber wollte es ihm schenken. «Ich musste mich wehren, um überhaupt zahlen zu dürfen.» Einem, der es nötig hätte, werde ein solches Angebot nicht gemacht. «Dafür mir, dem Bundesrat. In der Hoffnung halt, dass sich das mal auszahlen könnte.»

Zurück nach Schaffhausen. Dieses Volk, das so freudig geklatscht habe, bestand aus einigen Dutzend Leuten. Bestenfalls waren es ein paar Hundert. Anderen war diese Visite schnuppe. Weil sie vom Bundesrat eh nichts halten. Das zeigen sie mit Fernbleiben. Unwillen kann auch indirekt demonstriert werden. Was mir während einer Session in den Lauben von Bern passierte. Ein Mann sah mich und brummelte gut hörbar vor sich hin: «Ein Unglück kommt selten allein. Zuerst der Otto Stich und jetzt noch dieser Hubacher.» Das war auch Volkes Stimme.

Simonetta Sommaruga macht eine andere Erfahrung. Ihr engstes Mitarbeiterteam wolle sie vor Unangenehmem möglichst abschirmen. Nun arbeite der Bundesrat nicht in einer geschützten Werkstätte. Alles, auch Negativstes, müsse ihr berichtet werden. «Sonst würde ich abheben und die Bodenhaftung verlieren.»

Der Bundesrat ist im Volk beliebter als bei gewissen Parteien. Die FDP ist eher übervertreten. Die CVP trauert ihrem zweiten Sitz nach. Die SVP hat Eveline Widmer-Schlumpf ihren Königsmord nicht verziehen. Solange sie mitmacht, fällt dieser Partei über den Bundesrat kein gutes Wort ein.

Krampfhaft wird behauptet, wir hätten eine Mitte-links-Regierung. Also keine bürgerliche Mehrheit. Keine Geiss schleckt es weg: Fünf von sieben Bundesräten sind bürgerlich, zwei links. Allerdings, Konkordanz- und Kollegialitätssystem basieren auf dem Kompromiss. Nicht einfach auf der politischen Mehrheit. Ein guter Kompromiss hinterlässt mittlere Zufrieden- oder Unzufriedenheit. Keine Seite hat alles bekommen und keine alles verloren.

Das ist eben die politische Spezialität der Schweiz. Linke und Rechte sollen sich zusammenraufen. Das Resultat, der Kompromiss eben, ist deswegen noch lange nicht links. Je weiter rechts SVP-ler stehen, desto mehr Linke sehen sie.

(Basler Zeitung, 31. 3. 2012)

Appenzeller Nulltarif

Es gibt Politiker, die man einfach mag. Weil sie stets gut gelaunt und gmögig sind. Auch wenn ihre oft knallharte Interessenpolitik mit dem fröhlichen Gemüt gar nicht übereinstimmt. So einer ist alt Bundesrat Hans-Rudolf Merz.

Im Herbst 2010 trat er zurück. FDP-Präsident Fulvio Pelli überschlug sich mit Komplimenten. Merz sei der beste Finanzminister Europas gewesen. In solchen Momenten fragt man sich, ob Politiker wirklich glauben, was sie sagen. Pellis Lobeshymne erinnerte mich an Ueli Maurers «beste Armee der Welt». Da lachen die Hühner.

Ob Bundesräte auch lügen, wollte mal einer von mir wissen. Natürlich. Kurt Furgler hatte mir versprochen, er werde in seiner CVP-Fraktion ein gutes Wort für Lilian Uchtenhagen als Bundesratskandidatin einlegen. Getan hat er das Gegenteil. Das verschwieg ich meinem Fragesteller. Weil ich nicht wollte, dass da wieder einer verallgemeinert. Mit der bösen Behauptung, alle Politiker würden lügen. Auch Bundesräte. Deshalb beschwichtigte ich ihn. Bundesräte müssten gelegentlich Ausreden erfinden, um laufende Verhandlungen nicht zu gefährden. Das hingegen sei nicht gelogen.

Etwas Spezielles sind betrogene Betrüger, die sich selber hereingelegt haben. Das ist beim Appenzeller Hans-Rudolf Merz anders. Er hat uns hereingelegt. Uns, die Stimmbürger. Ob bewusst oder irrtümlich, das eben ist die Frage. Wir werden es wohl nie herausfinden. Nur Merz selber könnte uns aufklären. Dazu hat er offensichtlich keine Lust. Zurück bleiben Vermutungen. Ich gestehe, böse Ahnungen zu haben. Weil ich einem nicht traue, dem ich einiges zutraue.

Um was gehts?

Gemeint ist die sogenannte Unternehmenssteuerreform II. Damit sollten für kleine und mittlere Betriebe steuerliche Korrekturen vorgenommen werden. So das offizielle Erklärungsmuster. Die Steuerausfälle seien nicht der Rede wert, versicherte Finanzminister Merz. Die Linke hatte gleichwohl das Referendum eingereicht. Deshalb stimmten wir im März 2008 ab. Dass im Nachhinein daraus ein Politkrimi wurde, war damals nicht vorgesehen.

Am 14. Januar 2008 hatte Bundesrat Merz die Vorlage an einer Pressekonferenz erläutert. Da war viel Dichtung und eher wenig Wahrheit. Eine solche Vorstellung dürfte es in den letzten Jahrzenten kaum je gegeben haben.

Gemäss dem Abstimmungsbüchlein wäre diese Unternehmenssteuerreform II nichts Besonderes gewesen. Von grossen Steuerausfällen war keine Rede. Merz präzisierte deshalb, wer vor allem profitieren werde. Wörtlich: «Die Maler, Apotheker, Garagisten, Floristen und Metzger.»

Wer hätte da auf schlechte Gedanken kommen sollen? Gegen Floristinnen hat doch keiner was. Und Merz schaffte erst noch Klarheit. Die Steuerausfälle für den Bund bezifferte er auf 56 Millionen Franken jährlich. Das haute diesen Staat nun wirklich nicht um. Gleichwohl war die Vorlage nur hauchdünn angenommen worden. Hätten wir alles gewusst, sie wäre mit Stumpf und Stiel versenkt worden.

Seit der Appenzeller nicht mehr Finanzminister ist, haben andere nachgerechnet. Aus den wenigen Milliönchen sind für den Bund Milliardenverluste geworden. Die «Neue Zürcher Zeitung» kam auf 10 Milliarden. Der Wirtschaftsjournalist Werner Vontobel rechnete in der Gewerkschaftszeitung «Work» mit 80 Milliarden. Das Finanzdepartement hat Mitte März 2012 die Steuerausfälle auf etwa 47 Milliarden Franken geschätzt. Europas angeblich bester Finanzminister Hans-Rudolf Merz hatte sich tausendfach verrechnet. Als ob er eine mathematische Null wäre. Ist er natürlich nicht. Was dann?

Mit der für unbedeutend verkauften Reform sind 700 Milliarden Franken Kapitalreserven von Konzernen und Aktiengesellschaften vergoldet worden. Um damit Dividenden zu finanzieren. Ein Beispiel. Ivan Glasenberg ist Chef des grössten Rohstoffkonzerns Glencore mit Sitz in Zug. Er besitzt 15,8 Prozent der Aktien. Und kassiert 2012 99 Millionen Franken Dividende. Steuerfrei! Dank Merz. Der Konzernchef ist weder Florist noch Apotheker. Wie konnte dieser Finanzminister uns nur einen solchen Bären aufbinden?

Merz zeigte schon immer eine Schwäche für die «armen Reichen». Um sie war er am meisten besorgt. Wie er aber diese Steuerreform hingekriegt hat, ist ein trauriges Kapitel falscher Interessenpolitik. So darf man mit uns, dem Stimmvolk, nicht umgehen.

Der Appenzeller Nulltarif für Privilegierte wird zum ganz grossen Betrug am Rechtsstaat. Er hätte nie, niemals passieren dürfen.

(Schweizer Illustrierte, 10. 4. 2012)

«Chuzemischt»

Das ist Berndeutsch. Übersetzt geht das in Richtung «dumms Züüg», dummes Zeugs. Blödsinn. Dazu provoziert hat mich diese Woche die CVP Basel-Stadt. Sicher, meine Antwort ist nicht literarische Feinkost. Urchiges scheint mir besser zu passen.

Die CVP wirft der SP, den Gewerkschaften und Grünen vor, «wirtschaftsfeindlich» zu sein. Warum? Sie bekämpfen längere Ladenöffnungszeiten und haben die Senkung der Unternehmenssteuer abgelehnt. Beides gehört sich offenbar nicht.

Ich behaupte nun mal, SP und Gewerkschaften recht gut zu kennen. Vielleicht sogar besser als die Wahlkampfrhetoriker der CVP. Die politische und gewerkschaftliche Linke vertritt die Anliegen jener Leute, die von ihrer Arbeit leben müssen. Ohne sie wären die Manager arbeitslos.

Die Arbeitnehmer wissen eines ganz genau: Ihnen gehts nur dann gut, wenn es der Wirtschaft gut geht. Firmen, die rote Zahlen schreiben, können weder gute Löhne zahlen noch angemessene Arbeitsbedingungen bieten. Das kapiert zu haben, gehört zum wirtschaftspolitischen Abc. Und eine andere Meinung zu vertreten als die CVP, ist kein Vergehen. Wir sagen dem Demokratie.

Längere Öffnungszeiten würden dem Basler Detailhandel mehr Kunden bringen, so die CVP. Das kann man so sehen. Muss man aber nicht. Wer «drüben» einkauft, tut das meistens tagsüber, wenn also bei uns die Läden geöffnet sind. Es locken halt die günstigen Preise, der gute Euro-Wechselkurs, die Rückerstattung der deutschen Mehrwertsteuer. Daran ändern leider längere Öffnungszeiten nichts.

In Basel herrscht nach 18.30 Uhr nicht etwa Friedhofsruhe. Ein Warenhaus hat bis 20 Uhr geöffnet. Im und um den Bahnhof SBB sowie am Barfüsserplatz gibts Lebensmittel bis 22 Uhr. Familienbetriebe dürfen auch so lange verkaufen. Hosenträger, Kleiderbügel oder Pullover muss ich nicht unbedingt nachts posten. Womit ich zum Schluss gelange: Man kann längere Öffnungszeiten ablehnen, ohne ein Feind der Wirtschaft zu sein. Zumal die damit verbundenen höheren Personalkosten sich für viele Anbieter kaum rechnen würden.

Der zweite Vorwurf, den die CVP Rot-Grün macht, betrifft die Reduktion der Unternehmenssteuer. Die Linke habe das Stimmvolk sozusagen zum Nein verführt, beklagen die CVP-Strategen. Faktisch läuft das auf eine Beschimpfung der Stimmberechtigten hinaus. Abstimmungen enden wie immer ohne Gewähr. Mal gewinnt die Rechte, mal die Linke. So ist das halt in der Schweiz. Es gehört sich auch, Volksentscheide zu akzeptieren. Wir haben nun mal, liebe CVP, nur dieses eine Volk.

Das Absolute in der Politik ist gefährlich. Wer in die EU möchte, sei kein Schweizer, sagt Toni Brunner. Wer längere Öffnungszeiten für unnötig halte, sei ein Feind der Wirtschaft, verkünden Basler CVPler mit Krokodilstränen. Der verstorbene Bundesrat Willi Ritschard hat das stets beklagt: «Ich habe saumässig Mühe mit Politikern, die immer die Wahrheit wissen. Ich suche sie ständig.»

(Basler Zeitung, 18. 8. 2012)

Der Bundesrat – ein Weichei?

Wie viel oder wie wenig Staat soll es sein? Das ist ein ewiges Thema.

Der moderne Sozialstaat entstand in den Jahrzehnten nach dem Kriegsende von 1945. Es brauchte dazu den historischen Kompromiss zwischen der politischen Linken und der Rechten. Zwischen FDP/CVP und SP/Gewerkschaften. Personifiziert hatte ihn der Basler Bundesrat und Sozialminister Hans Peter Tschudi.

1979 notieren wir einen Kurswechsel. Die FDP machte als damals stärkste Partei rechtsumkehrt für «weniger Staat und mehr Freiheit». Profitiert hat nur die SVP. Nach genau diesem Rezept wurde die FDP von ihr rechts überholt: Weniger (Sozial-)Staat und mehr (Subventions-)Staat für Bauern. «Weniger Staat und mehr Freiheit» kopierte die in den USA und Grossbritannien vollzogene neoliberale Wende. Mit dem Neoliberalismus wird versucht, Politik durch den Markt zu ersetzen. Nach dem klassischen Modell setzt Politik der Wirtschaft den Rahmen. Der Neoliberalismus stellt es auf den Kopf. Wirtschaft will die Politik bestimmen. Der einst mächtige UBS-Boss Marcel Ospel sagte 2006, was gemeint ist: «Lasst uns doch einfach machen. Wir können es besser.»

Das Resultat kennen wir. Auf den globalen Finanzmärkten geht es zu wie im Wilden Westen. Hemmungslose Spekulation um jeden Preis. Namhafte Banken hatten sich verzockt, machten pleite. Sie lösten weltweit eine Finanz- und Wirtschaftskrise aus. Bei uns trieben gewisse Banken Missbrauch mit dem Bankgeheimnis auf die Spitze. Konrad Hummler, Ex-Verbandspräsident der Privatbanken, gab den Tarif durch: «Wer Steuern zahlt, ist dumm.» «Reiche Steuerflüchtlinge handeln aus Notwehr.» Dieses Geschäftsmodell stiess im Ausland auf stets heftigere Ablehnung. Wir brauchen uns darüber nicht scheinheilig zu empören.

Der Bundesrat ist als politische Feuerwehr im Dauereinsatz. Er muss Folgeschäden mit dem Bankgeheimnis aushandeln. Mit den USA, Deutschland und weiteren Staaten. Die deutsche SPD will das Steuerabkommen mit der Schweiz beerdigen. Im Bundesrat, bei uns ist das der Ständerat. Dort hat Rot-Grün die Mehrheit. Das Abkommen sei inakzeptabel. Dem Bundesrat aber wird vorgeworfen, er habe immer nur nachgegeben. So die «Weltwoche». Wenn ich dieses Blatt lese, müsste ich meinen, wir hätten wieder einmal die mieseste Regierung aller Zeiten.

Vier Zitate: «Bundesbern ist im Begriff, an den Säulen der Schweiz zu sägen.»

«Jämmerliches Schauspiel der Schwäche.»

«Totale Anpassung, statt Widerstand.»

«Begeht die Schweiz Selbstmord aus Angst vor dem Sterben?»

Steuerhinterziehung müsse verteidigt werden. «Sie ist Teil unserer Rechtsordnung», so die «Weltwoche». Wie das Ausland reagiert, spiele keine Rolle. Wir sind ja allein auf dieser Welt. Das verlangen ausgerechnet jene, die unseren Staat permanent schlechtmachen. Wer hat uns denn, pardon, in diese «Scheisse» gebracht? Etwas zivilisierter, in diese Schieflage?

(Basler Zeitung, 25.8.12)

Luftkampf im Bundeshaus

Es ist die unendliche Geschichte von der Mirage bis zum Gripen. Hauptmerkmal: Pannen und Pleiten.

Einmal, in den 50er-Jahren, war der grosse Wurf in Sichtweite. Kluge Ingenieure hatten den P-16-Kampfjet konstruiert. Dann passierte das Malheur. Der P-16 stürzte bei einem Testflug ab, in den Bodensee. Daraufhin wurde die Flugübung abgebrochen. Jahre danach ist dem P-16 eine grosse verpasste Zukunft nachgetrauert worden.

Kampfflugzeuge werden im Ausland eingekauft. Ab Stange. Unsere Militärs wollen Konfektionsware immer noch verbessern. Der Fachausdruck heisst «Helvetisieren». Das endete schon ganz böse. Stichwort: Mirage-Skandal.

Die Mirage-Bruchlandung bleibt unübertroffen peinlich. Es hätten 100 Kampfjets vom französischen Typ Mirage beschafft werden sollen. Der Flieger wurde bis zur Unkenntlichkeit helvetisiert. Um den Vergleich mit dem Auto zu nehmen: Die Spezialisten des EMD (Eidgenössisches Militärdepartement, heute VBS) bauten den VW in einen Mercedes um. Dafür reichte der bewilligte Kredit hinten und vorne nicht aus.

Die 100 Mirages hätten 871 Millionen Franken kosten sollen. Daraus wurden 1,4 Milliarden. Für noch 58 Mirage-Kampfflugzeuge. Für fast doppelt so viel Geld gabs nur noch die Hälfte. Der Skandal stürzte die Schweiz in eine Staatskrise.

Eine Parlamentarische Untersuchungskommission betrieb Ursachenforschung. Ihr Bericht vom 1. 9. 1964 liest sich wie ein Krimi. Die Verantwortlichen im EMD hätten nach Noten getrickst, vertuscht und getäuscht. Fazit: «Das Parlament ist in der Tat irregeführt worden.» Der Generalstabschef, der Fliegergeneral sowie der zuständige Bundesrat mussten den Hut nehmen. Ein bisher einmaliger Vorgang.

Verfehlungen in diesem Ausmass wiederholten sich nicht. Keine Kampfflugzeug-Beschaffung jedoch ging ohne öffentlichen Lärm über die Politbühne. Jedes Mal mit beträchtlichem Unterhaltungswert.

Anfang der 70er-Jahre hatten sich die EMD-Oberen für den US-Kampfjet Corsair entschieden. Dabei kam es zu einem politischen Absturz. Der Corsair sollte nicht nur fliegen, die meiste Zeit ist ein Kampfflugzeug am Boden. Wenn möglich im Berg gut getarnt. Das heisst, Kavernen sind teure Bauten. Der Corsair hingegen passte nicht hinein, weil zu gross. EMD-Chef Rudolf Gnägi überraschte uns in der Militärkommission mit seiner «Lösung»: «Wenn beim Vorderrad die Luft herausgelassen wird, sackte der Flieger um 25 Zentimeter ab. Und hat Platz.»

Als das der freisinnige Finanzminister Nello Celio hörte, soll er gestöhnt haben: «Nicht schon wieder.» Der Gedanke, der Corsair hätte vor einem Kampfeinsatz zuerst aufgepumpt werden müssen, leuchtete ihm überhaupt nicht ein. Celio drehte den Geldhahn zu und schoss so den Corsair ab. Zum Ärger seiner eigenen Fraktion. Kurz danach trat Celio als Bundesrat zurück. Nach nur sechs Jahren.

1989 übernahm Kaspar Villiger das EMD. Sein Vorgänger hinterliess ihm das Dossier mit dem Stichwort F/A-18. 34 Kampfjets für 3,5 Milliarden Franken. Der damalige Rüstungschef Felix Wittlin riet seinem neuen Chef davon ab, diesen Flieger zu kaufen. Wittlin plädierte für eine kostengünstigere Variante. Als sich Villiger dennoch für den F/A-18 entschieden hatte, trat Wittlin als Rüstungschef zurück. Das mache er nicht mehr mit, gestand er mir persönlich.

Als der Milliardenkredit für den F/A-18 der Militärkommission zur Beratung zugewiesen wurde, war ich deren Präsident. In einer ersten, dreitägigen Sitzung absolvierten wir die sogenannte Eintretensdebatte. Da wird noch nichts beschlossen. Vielmehr geht es darum, den Kommissionsmitgliedern möglichst viele Informationen zu liefern. Wir hatten Experten zu Hearings eingeladen. Die für oder gegen den F/A-18 waren und stundenlang befragt wurden. An diesen Experten mussten sich auch die EMD-Fachleute messen lassen.

Zuständig für die F/A-18-Vorlage war der Projektoberleiter. Der Name sagt es, er leitet die Beschaffung. Ob ihm etwas aufgefallen sei, fragte ich nach der Sitzung Villiger. «Was meinst du?» – «Der Projektoberleiter hat in diesen drei Tagen kein Wort gesagt. Er sass zuhinterst am Katzentisch.» Der Bundesrat schaute leicht verlegen drein.

Jetzt also erleben wir das Gripen-Polittheater. VBS-Chef Ueli Maurer sagt, was für Schweden gut genug sei, müsse auch uns genügen. Für einmal nicht das Teuerste vom Teuren. Das sind neue Töne. Man darf gespannt sein, wie dieser Luftkampf ausgehen wird.

(Schweizer Illustrierte, 21. 9. 2012)

Nebengeräusche im Bundeshaus

Der schweizerische Bundespräsident wechselt jedes Jahr. Jede und jeder kommt mal nach einem bestimmten Turnus dran. Der Bundespräsident hat nicht etwa mehr Kompetenzen und Rechte als «gewöhnliche» Bundesräte. Er leitet einfach die Bundesratssitzungen und hat mehr repräsentative Auftritte.

Das Präsidialjahr wird als Höhepunkt gewertet. Ich kenne Bundesräte, die länger im Amt blieben, um noch einmal Bundespräsident zu werden. Wobei eher Unangenehmes ausgeblendet wird. Kaspar Villiger vertrat mal die Schweiz an einer Trauerfeier in Brüssel. Und fühlte sich unter den vielen Staatspräsidenten oder Regierungschefs einsam. «Niemand kennt dich. Aus der Schweiz kommt ja jedes Jahr ein anderer. Du stehst deshalb völlig allein im Schilf», beschrieb er seine desolate Situation.

Am kommenden Mittwoch wählt die Bundesversammlung den Bundespräsidenten für 2013. An der Reihe ist Ueli Maurer. SP-Fraktionschef Andy Tschümperlin hat im August mit der Spielzeugpistole einen politischen Knaller losgelassen. Maurer sei als Bundespräsident nicht wählbar. Er habe sich mit seiner Aussage: «Wer heute noch für den EU-Beitritt ist, hat nicht mehr alle Tassen im Schrank» selber deklassiert.

Das hört ein SP-Politiker weniger gerne als Maurers SVP-Parteibasis. Bei der EU-Frage hat Maurer im Volk allerdings viel Unterstützung. Eine Umfrage hat das diese Woche erneut bestätigt. 82 Prozent seien gegen einen EU-Beitritt. Wenn jede und jeder im Bundesrat mal Bundespräsident wird, muss man auch jede und jeden so nehmen, wie sie oder er ist. Das Parteibuch spielt da keine Rolle mehr. Maurer ist Parteisoldat geblieben. Das Staatsmännische geht ihm ab. Trotzdem macht er brav im Kollegialsystem mit. Dafür schwingt er hie und da die SVP-Fahne.

Bundesrat Ueli Maurer leitet das unbeliebteste Departement, das VBS. Er verwaltet das militärische Elend. Denn kaum jemand weiss mehr so recht, weshalb es immer noch so viel Armee brauchen soll. Mit «der besten Armee der Welt» versuchte Maurer den Befreiungsschlag. Daraus ist eher ein Heiterkeitserfolg geworden statt ernsthafte Strategie. Umgekehrt punktet er mit dem Kampfjet Gripen. Ich habe das schon mehrfach erwähnt. Maurer ist der erste Verteidigungsminister, der nicht wie alle seine Vorgänger einen Mercedes oder gar einen Rolls-Royce will, sondern mit einem VW zufrieden wäre. Mit der Begründung, was für Schweden gut genug sei, müsse auch uns genügen.

SP-Fraktionspräsident Tschümperlin ist von seiner Fraktion zurückgepfiffen worden. Er werde keinen Antrag auf Nichtwahl stellen, verkündete er vor drei Tagen via «Blick». Die Drohung mit der Schreckschusspistole sorgte für aufgeregte Nebengeräusche. Gefragt jedoch ist Politik. Ein Bundesrat ist per se auch als Bundespräsident diensttauglich. So will es unser System: entweder für beides oder für keines.

(Basler Zeitung, 1. 12. 2012)

Hoffnungslos, aber nicht ernst

Der legendäre Jazzpianist Duke Ellington wurde gefragt, wie er klassische und unterhaltende Musik unterscheide. «Es gibt nur zwei Arten Musik, gute und weniger gute.» So sehe ich das auch mit der Politik. Erfolgreiche und weniger erfolgreiche.

Noch zwei Tage, dann ist Ueli Maurer Bundespräsident. Ihm sind «ein Bier und eine Bratwurst mit ein paar Leuten lieber» als Auslandreisen. Sagt er. Er müsse nicht möglichst vielen Regierungschefs die Hand geschüttelt haben. David Gugerli, ETH-Professor, hält das für «konsequente Realitätsverweigerung». Der Bundespräsident müsse dort sein, wo die Musik spiele. In New York, Brüssel, Peking, Berlin, Paris und so. «Hauptaktivitätsfeld können nicht die Fête des Vignerons oder das Sechseläuten sein.»

Ueli Maurer ist halt ein waschechter SVP-Patriot. Ideologisch ein Schweizer Insulaner, wenn auch ohne Meer. Dafür mit der Blüemlisalp. Sollen die im Ausland denken, was sie wollen, wir bleiben auf unserem Höhenweg. So oder ähnlich denkts bei Maurer. Er ist so etwas wie die ideale Fehlbesetzung. Machen wir uns aber nichts vor. So wie er denken viele. Bundesräte sollen ihre Arbeit machen, anstatt in der Welt herumzureisen.

Der Standort Schweiz ist für die globalisierte Wirtschaft längst zum Standort Welt geworden. Firmenchefs sitzen bald mehr im Flugzeug als im Büro. Während Maurer mit dem Militärvelo a. D. täglich von Münsingen ins Bundeshaus pedalt. Nein, ohne Stahlhelm.

Der Bananenkonzern Chiquita hat den Sitz in Rolle. Das Steuerklima sei am Genfersee sagenhaft mild, heisst es. Ein paar Tausend ähnliche ausländische Firmen werden ebenfalls steuerprivilegiert. Für irgendwo in der Welt gemachte Gewinne. Die also nicht «uns» gehören.

Schweizer Firmen zahlen durchwegs höhere Steuern. In der EU gilt der Grundsatz: für alle gleich. Auch die Schweiz müsse sich als ihr Vertragspartner daran halten. Entweder alle Unternehmen zum Chiquita-Armentarif oder alle zum Schweizer Normaltarif.

«Brüssel» hat genug vom bilateralen Weg. Er habe zum Stillstand in der Sackgasse geführt. So gehe es nicht mehr weiter. Genau aber das möchte der Bundesrat. Er macht auf Abwarten. So lange wie möglich. Gehandelt wird erst, wenn es gar nicht mehr anders geht. So funktioniert unser System. Es grenzt fast schon an ein Wunder, dass die Schweiz dermassen erfolgreich ist.

Irgendwie erwischt unsere Politik die Kurve doch noch. Um nicht links oder rechts überholt zu werden. Der gewiefte Taktiker Peter Bodenmann bleibt auch für den Steuerstreit und das Verhältnis zur EU zuversichtlich. Der Walliser Politiker kennt sich aus. «Genau das ist die Stärke der Schweiz. Wir sind – wenn wir müssen – beweglicher als alle anderen. Nicht zu früh, immer etwas spät, aber nur selten ganz zu spät.»

Wie sagt man andernorts doch so schön: «Die Lage ist hoffnungslos, aber nicht ernst.»

Guten Rutsch ins 2013.

(Basler Zeitung, 29. 12. 2012)

Der Abt und sein Wort zum Sonntag

Martin Werlen ist Abt im Kloster Einsiedeln. Er beeindruckt allgemein. Selbst Linke, die eher an das Parteiprogramm glauben als an Gott.

Der Abt hat öffentlich über Reformen in der katholischen Kirche nachgedacht. Er predigt nicht das revolutionäre Wort zum Sonntag. Ihn bedrückt, was längst überfällig wäre. Er möchte die Frauen stärker in die Kirchenarbeit einbeziehen können. Sogar in der von den Männern dominierten Armee haben Frauen mehr Rechte als in der katholischen Kirche. Zudem stellt er den Zölibat infrage.

Das sind Anliegen, die breite Zustimmung finden. Nicht jedoch beim Klerus im Vatikan. Viele Gläubige kommen damit nicht mehr zurecht. Das führt mich zur CVP. Als einzige Partei im Land erhebt sie den Anspruch, «christlich» zu politisieren. Ihre Anhänger nennen sich Christdemokraten. Während Jahrzehnten hiessen sie Katholisch-Konservative. Abgekürzt die KK. Da bestand eine Seelenverwandtschaft mit der Kirche. Heute kaum mehr. Aber diese «christliche» CVP könnte den Bemühungen von Abt Werlen wenigstens eine politische Stimme und den Gläubigen etwas Hoffnung geben. Und damit der Partei einen Vertrauensschub vom progressiven Fussvolk.

Stattdessen wird der Abt als lästiger Mahner abgetan. Der sich in Dinge einmische, von denen er nichts verstehe. Gemeint sind Ladenöffnungszeiten. Aktuell bei den Tankstellenshops. Das Parlament genehmigte den 24-Stunden-Betrieb. Dagegen läuft das Referendum. Angeführt von den Gewerkschaften. Unterstützt von einer «Sonntagsallianz». Ihr gehören 21 Organisationen an. Unter anderem die beiden Landeskirchen. Mit dem Abt persönlich.

Die CVP-Parteiführung ärgert sich offenbar über Abt Martin Werlen. Umso mehr freut sich die Unia-Gewerkschaft. Ihre Zeitung «Work» vom 18. Januar bringt ihn gross abgebildet auf der Titelseite. Ein herrlicher Einfall. Der Abt ist gegen noch mehr Nacht- und Sonntagsarbeit. Der Mensch sei nicht für die Wirtschaft da, sondern die Wirtschaft für den Menschen. Das missfällt CVP-Nationalrat Gerhard Pfister: «Bei den Ladenöffnungszeiten ist die Kirche nicht kompetent.» Pfister ist nicht irgendwer. Im Wahljahr 2011 war er für seine Partei der Wahlkampfleiter. Zürichs Jungfreisinnige geben noch ihren Senf dazu. Diese Jungen leiden offensichtlich an Altersstarrsinn. Die Kirche und ihr Abt Werlen sollen sich gefälligst aus der Politik und Wirtschaft «raushalten», husten sie. Toleranz gehört bei denen zum Kleingedruckten.

Ladenöffnungszeiten sind ein politischer Dauerbrenner. Die Bürgerlichen versuchens nicht zum ersten Mal, sie zu verlängern. Das zu beurteilen, braucht der Abt nicht die Erlaubnis von Nationalrat Pfister. Der spürt, die «Sonntagsallianz» kann den Match gewinnen. Deshalb ist er nervös und wird gegenüber dem Abt und seiner Kirche ausfällig. Ganz «christlich» natürlich.

(Basler Zeitung, 26. 1. 2013)

Geistige Nichtschwimmer

Sagen Politiker, was sie denken? Die einen, ja, andere nicht. Es gibt nicht *die* Politiker. Es gibt solche, die votieren taktisch. Um den Brei herum. Andere reden und reden, sagen aber nichts. Am liebsten sind mir die Draufgänger, bei denen ich weiss, woran man ist.

Der legendäre Bundesrat Willi Ritschard hatte seinen unverwechselbaren Stil: «Ich habe ein schlechtes Gedächtnis. Weil das so ist, kann ich nicht lügen. Ich wüsste nämlich nicht mehr, was ich vor drei Wochen gelogen hätte. Also sag, was du denkst! Dann kannst du dir nicht widersprechen. Dann kann man mir nicht vorhalten, kürzlich hätte ich aber gerade das Gegenteil gesagt.»

Geblieben ist mir ein Streitgespräch mit FDP-Nationalrat Ernst Cincera am Radio. Für uns Linke war er der Schnüffler der Nation. Cincera führte ein Archiv über angebliche Subversive. Nach der Debatte meinte er: «So, das Theater wäre zu Ende.» Ob das für ihn Theater gewesen sei, wollte ich wissen? «Sie behaupten doch nicht etwa, das gesagt zu haben, was Sie denken?»

Im Nationalrat habe ich gute Rhetorik genossen. Etwa wenn FDP-Nationalrat Otto Fischer vom Schweizerischen Gewerbeverband sprach. Er war einer der wenigen, die ohne Manuskript vor dem Mikrofon standen. «Ich lerne meine Reden daheim vor dem Spiegel auswendig», hatte er mir mal anvertraut.

Der freisinnige Bundesrat Hans Schaffner lief, wenn er argumentativ in Bedrängnis geriet, zur Hochform auf: «Herr Nationalrat, was Sie da soeben gesagt haben, ist so falsch, dass nicht einmal das Gegenteil stimmt.» Bundesrat Willi Ritschard pflegte eine einmalige Bildersprache: «Ich vergleiche gewisse Politiker mit den Meteorologen. Nach deren Meinung sind ihre Voraussagen richtig, nur das Wetter ist ständig falsch.»

Amüsant ist, wie Moritz Leuenberger den Kompromiss erklärt. Im Bundeshaus sei gewerweisst worden, ob der Zug Bern–Zürich in Olten halten solle oder nicht. «Der Kompromiss: Wir fahren ganz langsam durch.» Das Lästermaul Christoph Mörgeli buchte den «Fall Carlos» auf sein SVP-Konto. Dass die Jugendanwaltschaft im Monat 29 000 Franken vertherapiert habe, sei eben typisch linke Verwöhnpraxis. Daraus zog er in der «Weltwoche» den abstrusen Schluss: «Eltern sind verunsichert, ob sie ihren Söhnen nicht das Berufsbild Schwerkrimineller ans Herz legen sollten. Denn so rasch kommt kein Jugendlicher zu einem Luxusleben mit Rundum-Coaching und Viereinhalb-Zimmer-Wohnung.»

Der für «Carlos» zuständige Jugendanwalt hat sein Therapie-Rezept verfilmen lassen. Und der Nation am Bildschirm vorgeführt. Man hätte ihn vor sich selber schützen müssen. Zelebriert wurde, was man auf Französisch «déformation professionnelle» nennt. Als ob das alles selbstverständlich wäre: 140 Franken Sackgeld pro Woche, dazu im Monat 500 Franken für Freizeitaktivitäten. Thaiboxen als Therapie, Armani-Deo für die gute Laune, grosse Wohnung als Wohlfühloase und zehn Betreuer. Dieser Film löste Kopfschütteln und Wut aus. Für Mörgeli war sofort klar, wer für eine solche Luxustherapie verantwortlich ist: natürlich die SP mit ihrer «Kuscheljustiz», die es gut meint mit üblen Tätern. Ein Dreiergericht hat das hohe Budget bewilligt. Was Mörgeli wohl für unmöglich gehalten hat: Zwei von den drei Richtern haben das SVP-Parteibuch. Nein, das Gerücht, Mörgeli sei im Kloster untergetaucht, stimmt nicht.

Korpskommandant Alfred Ernst hatte Ungewöhnliches riskiert. Öffentlich lehnte er einen Rüstungskredit für das Radarüberwachungssystem Florida ab. Deshalb beantragte ich, ihn in der Militärkommission anzuhören. Da wurde EMD-Chef Rudolf Gnägi hellwach: «Das kommt überhaupt nicht infrage. Die Armeeführung hat dem System zugestimmt. Beschlossen ist beschlossen. Die Minderheit hat sich zu fügen. Und hat zu schweigen. Punkt. Anders kann man eine Armee nicht führen.» Der schlaue Kommissionspräsident Leo Schürmann von der CVP parierte Gnägis Veto souverän: «Dann laden wir halt alle sieben Korpskommandanten ein.»

Füsilier Tschudi, später Bundesrat, war auf Befehl in Deckung gegangen. Hinter einem Apfelbäumchen. «Das ist doch keine Deckung», tönte es zurück. «Herr Hauptmann, bis der Krieg ausbricht, ist der Baumstamm dick genug.» Bundesräte haben bis zum Gehtnichtmehr behauptet: «Das Bankgeheimnis ist nicht verhandelbar.» Jean Ziegler motzte: «Geistige Nichtschwimmer.»

Sie müssen doch zugeben, Politik ist gar nicht so langweilig, wie stets behauptet wird.

(Schweizer Illustrierte, 21. 10. 2013)

Ist gut noch nicht gut genug?

Vor genau vier Jahren, am 4.1.2010, äusserte der Werbefachmann Hermann Strittmatter im BaZ-Interview sein Bedauern. «Das Bild der Schweiz im Ausland wird von Klischees bestimmt: Uhren, Banken, Käse, Schokolade, schöne Landschaften. Hightech, Life Sciences? Fehlanzeige. Man will nichts davon wissen, obwohl wir der zweitgrösste Computerchip-Hersteller der Welt sind.» Strittmatter möchte weg vom Heidiland.

Professor Felix Oberholzer lehrt an der Harvard Business School. Es mache immer wieder Freude, in die Schweiz zurückzukehren. «Vieles funktioniert einfach sensationell gut.» Stören tut ihn die Fremdenangst. «Ich schlage die Zeitung auf – immer noch der gleiche dumme Streit.» Dabei sei doch die Zuwanderung «ein Kompliment für die Schweiz». Wäre die Schweiz nicht so erfolgreich, meint er, hätte sie auch kein Problem mit der Zuwanderung.

Ökonomen sind keine Hellseher. Sonst müssten sie sich mit ihren Prognosen nicht regelmässig blamieren. Zum Jahresanfang gehört es sich, über das künftige Wirtschaftswachstum eine auf die Kommastelle exakte Voraussage zu machen. Sie hat Ende Jahr noch selten gestimmt. Böse verhauen hatte sich der frühere Chefökonom des Bundes, Jean-Daniel Gerber. Die rechte Hand des Wirtschaftsministers. Am 31.1.2005 machte Gerber Schlagzeilen, dass es nur so tätschte: «Gemäss einer simplen Hochrechnung wird die Schweiz bei Fortsetzung des mageren Wachstums im Jahr 2028 eines der ärmsten Länder in Westeuropa sein.» Das war wohl doch eine etwas zu «simple Hochrechnung». Für einen Chefökonomen zu viel voll daneben.

«Wenn es gut geht, wird es gefährlich», warnte die NZZ vom 30.11.2006. Wieso? Wäre es besser, es ginge uns schlecht? Das

Blatt der Finanzlobby beklagt, dass wir «den Staat mit Begehrlich-
keiten überfordern». Das würden Sozialversicherungen beweisen,
die wegen «überstrapazierter Solidarität aus dem Ruder laufen».
Finanzminister Hans-Rudolf Merz habe umsonst abgeraten. Statt
seine «bitteren Pillen» zu schlucken, habe die Politik «Placebos»
verschrieben. Die bekanntlich nichts bewirken. Ausgerechnet Merz.
Meint auch «Die Zeit», Deutschlands bedeutendste Wochenzeitung.
Am 3.1.2013 zog sie Bilanz: «Auch wenn die Schweiz systembedingt die wohl schwächste Regierung der Welt hat, ist es eben
doch nicht ganz egal, wer im Bundesrat sitzt. Das beste Beispiel
hierfür lieferte der FDP-Bundesrat Hans-Rudolf Merz. Selten hat
ein Mitglied der Regierung so viel Unheil angerichtet wie der Appenzeller.» Dass wir «systembedingt» eine schwache Regierung
haben, hat mit der direkten Demokratie zu tun. Das letzte Wort
gehört dem Stimmvolk. Die Zunft der politischen Schwarzmaler
ist um Klagen nie verlegen. Wir stehen am Jahresanfang. Zuversichtlich wie Unternehmer Jean-Claude Biver, Chef der Uhren-
firma Hublot. In der BaZ vom 14.11.2013 verrät er: «Zu meiner
Vorstellung von Patriotismus gehört eben auch, seinen Anteil
Steuern zu bezahlen.» Weil er weiss: Wer viel versteuert, hat auch
viel verdient. «Mir gehts gut.»

Das WEF, World Economic Forum Davos, hat für 2013 die
Rangliste der innovativsten Länder erstellt. Die Schweiz steht zum
fünften Mal in Folge auf Platz eins. Vor Singapur, Finnland und
Deutschland. Vom Abstieg zu «einem der ärmsten Länder» keine
Rede. Zwar ist noch vieles nicht so, wie wir es gerne hätten. Aber
wir starten von einem hohen Level ins neue Jahr.

(Basler Zeitung, 4.1.2014)

Demokratie nicht ohne Politik

In der Rekrutenschule hatten wir in unserer Gruppe einen «Stündeler». Der uns mit seinen frommen Sprüchen nervte. Weil er sich vor Gemeinschaftsarbeiten drückte, wo immer er konnte. Vor der Zimmertour, dem Küchendienst oder der WC-Tour. «Dem bringen wir das Evangelium schon noch bei», hatten wir uns geschworen. Was dann recht robust geschah. Jahre später begegnete ich ihm in Bern. Das sei die beste Lehre seines Lebens gewesen, gestand er: «Ich war richtig scheinheilig.»

Warum ich das schreibe? Wir haben da neuerdings bei der Wirtschaftskammer Baselland einen Christoph Buser als Direktor. Der hat in der BaZ schon oft als rechter Musterdemokrat uns Linken die Leviten verlesen. Die er lieber im Himmel als auf Erden hätte. Oder in der Hölle. Nun will er die Verwaltungsräte von öffentlichen oder staatsnahen Betrieben entpolitisieren. «Fort mit den Politikern», sagt er (BaZ, 8. 1. 2014) und hält sich für clever. Da hat er aber von seinem legendären Vorgänger Hans-Rudolf Gysin nichts gelernt. Der hat Wirtschaft und Politik im Doppelpack serviert. Weil Demokratie nun mal eine politische Veranstaltung ist. Es gibt sie nur mit Politik. Nicht mit leeren Bekenntnissen. Wer Politiker aussperren möchte, handelt scheindemokratisch.

Da war doch mal der frühere FDP-Regierungsrat Paul Nyffeler Verwaltungsratspräsident der Basellandschaftlichen Kantonalbank. Ein Politiker, der seinen Job gut gemacht hat. Es ist eben falsch, alle Politiker in denselben Kübel zu schmeissen. Sie pauschal für ungeeignet zu diffamieren. Mir graut vor der intellektuellen Enge eines solchen Schmalspurverbandsbürokraten. Der aus seinem dogmatischen Rezeptbuch wieder mal eine Scheinlösung anbietet. Es kommt auf die Persönlichkeit an. Ob in der Wirtschaft, Politik oder Gesellschaft. Die einen können es, andere meinen es. Politiker generell disziplinieren zu wollen, übersteigt das Format des Gernegross aus Liestal. Zumal es nicht stimmt, dass privatisierte Verwaltungsräte immer erfolgreich sind. Meines Wissens ist die grösste Bank der Schweiz weder ein öffentlicher noch staatsnaher Konzern. Dem Verwaltungsrat der UBS gehörten nie Politiker, sondern Koryphäen der Wirtschaft an. Trotzdem hat diese Bank traurige Geschichte geschrieben. Ohne Bundesrat, Parlament und Nationalbank, ohne Politik und Politiker also gäbe es diese UBS bekanntlich nicht mehr. Das ist heute Allgemeinwissen, Herr Buser.

Mein Grossvater hatte sich als Arbeiter nie einen Flug leisten können. Zu seiner Zeit war Fliegen ein teurer Luxus. Wenn er im Garten gearbeitet und am Himmel eine Swissair-Maschine entdeckt hatte, hielt er inne: «Unsere Swissair», meinte er bewundernd zu sich selber. Weil sie auch für ihn zum stolzesten Inventar des Landes gehört hatte. Solche Erinnerungen bleiben. Die Swissair galt als die beste Airline der Welt. Sie sei eine «fliegende Bank», hiess es. Für so solid finanziert hat sie gegolten. Ich würde wetten, niemand hätte sich vorzustellen vermocht, dass die Swissair einmal ins Elend abstürzen könnte. Das Drama aber geschah. Wer waren denn die Bruchpiloten? Lukas Mühleman, Chef der Credit Suisse. Oder Thomas Schmidheiny, Inhaber des grössten Zementkonzerns, um nur die zwei zu nennen. Sie gehörten dem Verwaltungsrat an. Mit anderen von der Crème de la Crème unserer Wirtschaft. Das waren keine Politiker. Das Leben ist eben wie immer ohne Gewähr.

(Basler Zeitung, 11. 1. 2014)

Anrufe spät in der Nacht

Darf ich über Politik mal anders berichten? Nur Privates. Was man als Nationalrat so alles auch noch erlebt. Es begann mit dem Professor. Wir trafen uns morgens öfter im gleichen Café. Nach kurzer Konversation las jeder seine Zeitung. So weit war dieser Professor normal. Bis ich auf einmal Nationalrat wurde. Dann änderte er sein Benehmen. Wenn ich das Café betrat, stand er auf. Um mit seiner «Gäxistimme», wie Grossmutter gesagt hätte, mich laut mit «Guten Tag, Herr Nationalrat» zu begrüssen. Mir war das peinlich. Ich bat ihn, mich doch einfach wie früher anzureden. Ohne aufzustehen und ohne das Nationalrats-Gschiss. Er hatte kein Musikgehör. So hab ich dann halt das Café gewechselt. Wenn wir uns in der Stadt begegnet sind … Sie wissen schon.

Während der Sessionen im Bundeshaus kaufte ich meine Lektüre am Kiosk in der Neuengasse. Die Verkäuferin begrüsste mich stets mit «Herr Professor». Alles Reklamieren nützte einen Dreck. Irgendwann gibst du auf. Jahre später hat mir die Frau ihren Trick verraten. Sie hat alle Parlamentarier mit Professor angesprochen. Keiner sei deswegen beleidigt gewesen. Mit ihrem schlechten Namensgedächtnis sei das «gäbig», lächelte sie mich auf Berndeutsch an.

Telefonierer können unangenehm sein. Vor allem wenn sie mich nachts um jede Uhrzeit geweckt haben. Um dann aufzuhängen. Da bleibt nur die Fangschaltung übrig. Ein besonders Lästiger rechtfertigte sich damit, ich hätte ihn im Tram lange angeschaut, aber nicht gegrüsst. Ich hatte den Mann vorher noch nie gesehen. Einer schikaniert mich noch heute. «Nur» noch alle paar Wochen. Dafür pünktlich. Immer um 3.55 Uhr.

Ein Unbekannter nahm im Tram mir gegenüber Platz. Und zündete trotz Rauchverbot eine Zigarette an. Um mir den Rauch direkt ins Gesicht zu blasen. Das war eine Kampfansage. An der nächsten Haltestelle wartete ich etwas ab, stand plötzlich auf und nahm ihm den Rauchstängel weg. Kaum war ich draussen, blieb die Tür geschlossen. Mein Gegenüber konnte nur noch mit der Drohfaust reagieren. Gret schimpfte, als ich es ihr erzählt habe. «So einer könnte gewalttätig werden.» – «Stimmt. Aber ich lasse mir nicht alles bieten», bellte ich zurück.

Perfid sind versteckte Morddrohungen. «Ein Eidgenosse» schickte mir meistens bei Vollmond einen Brief mit einem Schuss Munition. Und beschrieb, wie er mich im Visier hatte: «Um 12.05 Uhr sind Sie in den ‹Hirschen› gegangen. Um 13.55 Uhr haben Sie ihn verlassen, um den Zug 14.10 Uhr nach Zürich zu nehmen.» Für solche Fälle hat mir die Polizei geraten, sie zu informieren. Nicht jedoch die Medien.

Mal bekam ich ein Päckchen ohne Absender, ohne leserlichen Poststempel Beim Schütteln gabs komische Geräusche. Ich übergab es abmachungsgemäss der Polizei. Sie öffnete es im «Bunker». Ein Freund aus Ascona hatte uns Marroni in Cognac geschickt.

Während drei Wochen brachte uns der Paketbote unbestellte Ware: ein Set für Lachs, Frotteewäsche im Dutzend, Vorhänge für ein ganzes Haus, eine Jazztrompete, eine Magnumflasche Wein für 925 Franken, ein teures Medizinlexikon, eine Küchenmaschine Modell Wunder. Und vieles anderes dazu. Insgesamt für 30 000 Franken. Allen Lieferanten schrieb ich, sie könnten die Ware bei uns abholen. Nur der Weinhändler aus Genf bat um Retournierung. Sonst hatte sich niemand gemeldet. Nach drei Jahren verteilten wir das Zeug. Mit der Jazztrompete als Renner.

In den 60er-Jahren hatte ein Buchhändler in Basel Probierbücher angeboten. Auch einem Betonfabrikanten. Der sich vergeblich beschwert hatte. Als er erneut unbestellten Lesestoff erhielt, revanchierte er sich. Er liess vor der Buchhandlung einen Lastwagen mit Betonröhren abladen. Das wirkte.

1982 unternahm ich mit einer Delegation der SP Schweiz eine Informationsreise in die DDR. Die besorgten politischen «Freunde» von der Konkurrenz erkannten darin einen Verrat am Vaterland. Das gehöre sich nicht. Vor vier Wochen schickte mir eine Frau aus Laufen ein Buch über die DDR. Damit ich mich für meine «Pilgerreise» schäme. Nach 31 Jahren!

Vor Jahren passierte mich in den Berner Lauben ein Mann. Halblaut, sodass ich ihn hören konnte, meinte er: «Ein Unglück kommt selten allein. Zuerst der Stich und jetzt dieser Hubacher.»

(Schweizer Illustrierte, 13. 1. 2014)

Sozialskandal: «Made in Italy»

Der Bauer weiss, vom Wägen allein wird das Schwein nicht schwer. Das Geld schon. Ohne Wertschöpfung wird aus Geld noch mehr Geld. Der Ex-Bankier Rainer Voss hat einen brisanten Film gedreht. Die «Süddeutsche Zeitung» kommentiert: «Voss erzählt vom Wahnsinn der Finanzjongleure» an der Börse: «Sie übt heute ihre Funktion, Kapital für die Wirtschaft zu beschaffen, gar nicht mehr aus.» Das ist die eine Kritik.

Die andere: «Vor 20 Jahren war die Haltedauer einer Aktie im Durchschnitt vier Jahre, heute sind wir bei 22 Sekunden.» Das heisst, heute wird an der Börse wie wild gekauft und verkauft. Dem sagt man Spekulieren. Für Voss ist das System krank. Aldi und Lidl würden 12 000 Artikel anbieten. Migros und Coop 50 000. «An der Börse sind es 460 000! Keiner weiss mehr, wie das funktioniert.» Das eben ist «der Wahnsinn der Finanzjongleure».

Die Börse widerspiegelt nicht mehr die reale Wirklichkeit. Das EU-Europa meldet offiziell 27 Millionen Arbeitslose. Ganz dramatisch ist die Jugendarbeitslosigkeit, zum Beispiel in Griechenland, Spanien, Italien oder auch Frankreich. Auf die Generation Hoffnungslos zählen Rechtsextreme. Geert Wilders in Holland oder Marine Le Pen in Frankreich. Beide haben grossen Zulauf. Rechtsextreme sind die Aasgeier des sozialen Elends. Die Frage stellt sich, ob das «System» Vollbeschäftigung überhaupt noch einmal schaffen wird? Das betrifft auch uns. Die EU ist mit fast zwei Dritteln unseres Handelsvolumens der wichtigste Export-Import-Partner.

Die Stadt Prato bei Florenz hat 190 000 Einwohner. Etwa 40 000 davon sind Chinesen. Die in 3500 Textilbuden arbeiten. Zu chinesischen Hungerlöhnen. Im Durchschnitt ein Euro die Stunde. So werden die Modehäuser mit Kleidern «Made in Italy» zu Billigstpreisen beliefert. Essen und schlafen tun die Ausgebeuteten, meistens Frauen, neben der Nähmaschine. Wie in einem Getto. Raubtierkapitalismus pur. Mitten unter uns in Europa.

Die «Neue Zürcher Zeitung» ist nach wie vor das journalistische Flaggschiff für bürgerliche Politik. Sie hat das alte Jahr mit der Jubelarie «Kapitalismus für alle» verabschiedet. Als ob alles in bester Ordnung wäre. Als ob uns die 2008 im globalen Spielcasino ausgelöste Finanz- und Wirtschaftskrise nicht auch heimgesucht hätte. Stichwort: UBS-Story. Als ob wir von dem, was in Europa und in der Welt passiert, nicht auch abhängig wären. Die FAZ, die «Frankfurter Allgemeine Zeitung», ist die deutsche NZZ. Mit einer grossen liberal-konservativen Tradition. Vor Weihnachten ging sie mit dieser kapitalistischen Marktwirtschaft hart ins Gericht. Anders als die NZZ: «Banken haben die Weltwirtschaft in den Abgrund geführt. Banken haben unglaubliche Verluste auf den Steuerzahler abgewälzt. Banken haben durch die Sozialisierung ihrer Billionenverluste die Staatsschulden in die Höhe und Staaten in den Bankrott getrieben.»

Die SP Schweiz hat in ihrem Parteiprogramm den «Bruch» mit diesem Casino-Kapitalismus stipuliert. Worauf am rechten politischen Ufer kolossales Protestgeheul ausbrach. Als ob sich diese Partei gerade von der Schweiz verabschiedet hätte. Eigentlich müssten Bürgerliche beunruhigt sein. Es ist ihr System. FAZ-Herausgeber Frank Schirrmacher hofft denn auch schon fast verzweifelt, «dass endlich ein Bürgerlicher sagt, dass hier bürgerliche Werte verraten werden».

(Basler Zeitung, 25. 1. 2014)

20 Jahre Alpeninitiative

«Dieser Tunnel ist kein Korridor für den Schwerverkehr.» Mit diesem Versprechen hatte Bundesrat Hans Hürlimann am 5. September 1980 den Gotthard-Strassentunnel eingeweiht. Eine Autobahn ohne Lastwagen? War Hürlimann naiv? Wars Irrtum aus Überzeugung? Der Bundesrat schob einen zweiten Satz nach: «Unsere Verkehrspolitik sieht vielmehr heute und morgen den Güterverkehr auf der Schiene.» Aha, so sah das neue Verkehrskonzept aus. Nur sind Konzepte meistens politische Nichtschwimmer. Grosse Würfe gelingen bei uns selten.

Die Nord-Süd-Route ist Europas kürzeste Transitstrecke. Mit dem Strassentunnel war sie noch attraktiver geworden. Entsprechend nahm der Güterverkehr von Jahr zu Jahr zu. Dagegen formierte sich Widerstand. Eine Allianz von Roten, Grünen, Berglern und Umweltorganisationen lancierte die Alpeninitiative. Mit der Vorgabe, den Güterverkehr von der Strasse auf die Schiene zu verlagern. Also genau das, was Hürlimann versprochen hatte. Der Bundesrat jedoch lehnte die Alpeninitiative ab. Sie sei weder durchführbar noch EU-kompatibel.

Die Abstimmung vom 20. Februar 1994 sei ein «Leuchtturm der schweizerischen Demokratiegeschichte», sagt der Verein «Zum Schutz des Alpengebietes», der den 20. Jahrestag des Urnengangs feiert. Zuvor, am 7. Februar, war es damals in der Fernseh-«Arena» zu einer selten spannenden Debatte gekommen. Bundesrat Adolf Ogi gegen den Bündner SP-Nationalrat Andrea Hämmerle und den Urner CVP-Landammann Hansruedi Stadler. Ogi hatte nicht seinen besten Tag. Dafür mit Nationalrat Franz Jaeger den falschen Experten. Der als Professor ein Gutachten gegen die Alpeninitiative verfasst, ihr im Nationalrat jedoch zugestimmt hatte. So kam es, wie es kommen musste. Ogi machte keine «bella figura». Die Initiative wurde mit 52 Prozent Ja-Stimmen angenommen. Schon hatte sich die Schweiz damit ein Problem mit der EU aufgeladen. Der passte das Veto gegen die Lastwagen hinten und vorne nicht.

Der Bundesrat hing wie ein Mehlsack zwischen dem, was das Volk verlangt, und dem, was «Brüssel» abgelehnt hatte. Verkehrsminister Adolf Ogi hat dann mit der EU ein Landverkehrsabkommen ausgehandelt. Mit einem Kompromiss zwischen Alpeninitiative und den Ansprüchen der EU. Ogi hat ihr noch eine weitere Zumutung abgerungen. Nämlich die leistungsabhängige Schwerverkehrsabgabe (LSVA). Für einen 40-Tönner kostet die Transitfahrt ein paar Hundert Franken.

Den Güterverkehr vollständig auf die Schiene zu verlagern, bleibt aus verschiedenen Gründen eine Unvollendete. Ist die Alpeninitiative also gescheitert? Überhaupt nicht. Sie hat sehr erfolgreich das Chaos einer ungebremsten Lastwagenflut verhindert. Gute 60 Prozent der Transitgüter werden mit der Bahn befördert. Es sind schon mal ein paar Prozente mehr gewesen. Im europäischen Vergleich ist der Bahnanteil dennoch spitze. Die Regierung in Wien wäre richtig happy, sähe es am Brenner nur annähernd so gut aus. Mit der Alpeninitiative gelang ein Sieg des Prinzips.

Nach Inbetriebnahme des neuen Bahntunnels am Gotthard soll die Zahl der Lastwagen auf 650 000 im Jahr beschränkt werden. Heute sind es doppelt so viele. Vielleicht geht auch diese Rechnung nicht so schnell auf.

Das wäre kein Grund für schlechte Laune. Man muss sich nur einmal vorstellen, wie es am Gotthard ohne Alpeninitiative aussehen würde. Wie im Wilden Westen. Mit einem Unterschied: ohne Schusswaffen.

(Basler Zeitung, 22. 2. 2014)

Die Demokratie hat Schlagseite

Darf ich mal über Politik und Geld nachdenken? Im Bundeshaus habe ich stets gehört, an sich spiele Geld keine Rolle. Abstimmungen könnten eh nicht gekauft werden. So wird bis heute weitergelogen. Weshalb denn investieren erfolgreiche Unternehmen wie Coop, Migros, Nespresso, Media Markt, VW, Nivea, Fust, Armani, und wie sie alle heissen, Millionen und Abermillionen in die Werbung? Aus reinem Vergnügen etwa? Weil Werbung für die Katze ist? Natürlich nicht. Sonst würden die Marketingprofis schnellstens damit aufhören. Nur in der Politik sollen wir dagegen immun sein. Wers glaubt, ist naiver, als die Polizei erlaubt.

Deutschland wählte Ende 2013 den neuen Bundestag. Seither sind die Freien Demokraten, die FDP, nicht mehr vertreten. Die Partei hat das Quorum von mindestens fünf Prozent Wähleranteil verpasst. Alle Mitarbeiter der Fraktion verloren ihren Job. Was überrascht hat: Es sind 600 Frauen und Männer. Vom Chauffeur bis zur Fachfrau für Finanzen, von der Sekretärin bis zum Experten für Verteidigung. 600 für 93 Abgeordnete! Vom Staat bezahlt.

Da staunen wir und finden das mehr als übertrieben. Das hat eine Geschichte. Hitlers Nazi-Partei war von der Schwer- und Rüstungsindustrie finanziert worden. Die Gründer der Bundesrepublik hatten sich geschworen, so etwas dürfe sich nicht wiederholen. Parteien sollen unabhängig sein. Nicht mehr von privaten Geldgebern abhängen. Willy Brandt hatte mir das so erklärt: «Weisst du, wir Deutschen machen alles gründlich, auch die Demokratie.»

Damit meinte er die Parteienfinanzierung. «Das Parlament» vom 14.10.2013 hat als Organ des Deutschen Bundestags publiziert, wie viel Geld die Parteien vom Staat bekommen haben. In Euro und Millionen für das Jahr 2013: CDU 46,4, SPD 45,5,

Grüne 15,1, FDP 14,0, Linke 12,2, CSU 11,3. Total 144,5 Millionen Euro. Plus dazu 80,8 Millionen Euro für die Fraktionen im Bundestag.

Für uns sind das unglaubliche Beträge. Die Fraktionen im Bundeshaus kassieren einen Bruchteil davon. Es reicht aus, ein paar Mitarbeiter zu entlöhnen. Parteienfinanzierung bleibt ein Fremdwort. Der Europarat hat die Schweiz letztes Jahr hart kritisiert. Sie sei in Westeuropa das letzte Land, das für politische Arbeit kein Geld bewillige. Zudem bestehe null Transparenz, wie denn Parteien finanziert werden. Das wird als Demokratiedefizit benotet.

Der Bundesrat hat sich diesen Vorwurf nicht gefallen lassen. Vor einem Jahr, genau am 12.3.2013, ist ihm eingefallen, weshalb über Parteifinanzen nichts veröffentlicht wird: «Transparenz würde die Spender und Sponsoren der Parteien abschrecken.» Aha, so ist das in einer Demokratie.

Grossbanken wie die UBS machen öffentlich, dass sie Parteien sponsern. Die SVP braucht wohl dieses Geld nicht, und die SP will es nicht. Sie legt ihre Rechnung als einzige offen auf. Politik ist selbstverständlich ein öffentlicher Auftrag. Finanziert hingegen wird sie auf privatisierter Basis. So kommt es, dass die SVP bei den Wahlen von 2007 «mindestens zwölf Millionen Franken ausgab». Das berichtete die «NZZ am Sonntag» vom 14.3.2012. Das unwidersprochen. Das ist mehr, als alle anderen Parteien zusammen ausgegeben haben. Viel mehr. Doppelt so viel.

Die SVP betreibt permanent Wahlkampf. Vier Jahre lang, bis zum nächsten Wahltermin. Deshalb jagt sie eine Volksinitiative nach der anderen über die politische Bühne. SVP-Nationalrat Luzi Stamm hat vor der Abstimmung gegen die Masseneinwanderung vom vergangenen 9. Februar 2014 geschwärmt: Egal, wie das Resultat sein werde, die nächste Initiative sei schon bereit.

Keine andere Partei kann es sich leisten, ständig Millionenkampagnen zu führen. Die anderen Parteien sind schon mit einer Abstimmung am Limit. Für den Kampf gegen die Masseneinwanderung seien von der SVP drei Millionen eingesetzt worden. So parteioffiziell. Es waren mehr. Schon «nur» drei Millionen sind für die Konkurrenten eine schwindelerregende Zahl.

Der Politkampf in der Schweiz wird nach unfairen Regeln geführt. Die SVP ist motorisiert. Die Konkurrenten sind barfuss. Unsere Demokratie hat gefährliche Schlagseite. Wie hat einer der berühmtesten Werber im Land, Rudolf Farner, mal gesagt? «Für eine Million mache ich aus einem Kartoffelsack einen Bundesrat.»

(Schweizer Illustrierte, 10.3.2014)

Die heimlichen Schönsprecher

Willi Ritschard hatte seinen Bundesratsjob Anfang 1974 angetreten. Mit einem kleinen Paukenschlag. Mit dem Schriftsteller Peter Bichsel als persönlichem Berater. Das war neu. Er bearbeitete viele Dossiers, war Gesprächspartner für Politisches, las zehn Bücher, um eines für Ritschard auszuwählen. Für mehr reichte dessen Zeit nicht aus. Jeden Freitag musste Bichsel «Gefechtskritik» abgeben. Was er für gut gelungen und was er für weniger gut gelungen gehalten hat. Beim Lob habe Willi gestrahlt, bei Kritik sei der Gefühlsmensch rasch auf die Palme gestiegen. Es mussten sich zwischen den beiden filmreife Szenen abgespielt haben. Am nächsten Freitag wollte es Ritschard erneut wissen.

Ebenfalls eine Premiere war Oswald Sigg als Pressesprecher von Ritschard. Sigg übergab seinem Chef ein Konzeptpapier, wie er sich seine Arbeit vorstellte. Als Ritschard nie darauf eingegangen war, wollte er wissen: «Hast du das überhaupt gelesen?» – «Ja, aber ich habe es in den Papierkorb geschmissen.» Er solle, meinte Ritschard, einfach jeden Tag im Journalistenzimmer sein. Um zu erfahren, was Journalisten interessiere. Nebenbei könne er ihnen Politik erklären und Interviews vermitteln. «Ich musste einfach Ritschards Politik verkaufen», fasste Sigg seinen Job auf.

Ein Bundesrat ist damals mit zwei persönlichen Mitarbeitern, die keine Beamte der Verwaltung waren, ausgekommen. Ritschards Vorgänger war Hans Peter Tschudi. Er schaffte das noch alleine. Das hiess, ein Bundesrat informierte selber. Eine Journalistin lästerte, System «Kupfer, Wulle Bascht».

Nach nur vierzig Jahren ist alles anders. Bundesrat Ueli Maurer führte kürzlich mit der «Weltwoche» ein Interview. Am gleichen Tag nach Erscheinen entschuldigte er sich scheinheilig beim von ihm kritisierten Aussenminister Burkhalter. Damit war das Interview erst recht gelesen worden. Maurer habe über den Kopf seines Kommunikationschefs hinweg mit der «Weltwoche» geredet, maulte ein Insider. Offenbar ist es nicht mehr üblich, dass das ein Bundesrat ohne Beratung mehr tut. Schliesslich arbeiten heute für die sieben Bundesräte plus Bundeskanzlei 265 Medienleute. In Maurers VBS sind es viele Dutzend. Er hat in den letzten fünf Jahren das Budget um 47 Prozent aufgestockt, so die «Handelszeitung». SP-Kollege Alain Berset holt offenbar auf. Plus elf Prozent im letzten Jahr.

Im Schnitt beschäftigt jeder Bundesrat etwa 30 Kommunikationsspezialisten. Das VBS am meisten, das Aussenpolitische am wenigsten. Dazu kommen externe PR-Berater. Kostenpunkt 2013: 235 Millionen Franken. Sie schreiben Gutachten, werden für fachliche und politische Beratung geholt. Im Einsatz steht ein ganzes Heer von Kommunikationsprofis.

Mich erstaunt, wie das vom Parlament hingenommen wird. National- und Ständeräte sind die gewählten Volksvertreter. Sie repräsentieren ihre Parteien, deren Wählerinnen und Wähler. Von den Parteien ist einzig die SVP finanzstark. Sie ist in der Politik, was der FCB im Fussball ist. Die SP verfügt etwa über einen Zehntel des Budgets der SVP. FDP und CVP wären ohne das Sponsoring der Grossbanken und Co. arme Kirchenmäuse. So sind sie nur finanzschwach. Von den kleineren Parteien gar nicht zu reden.

Umgekehrt wird der Propagandaapparat der Bundesbehörden immer noch mehr aufgepumpt. Damit die unzähligen Medienprofis die offizielle Politik schönreden. Unsere politische Demokratie steht auf dem Papier. Das ist zu wenig.

(Basler Zeitung, 29. 3. 2014)

Zu viel Gegeneinander

Die Schweiz ist ein Kunstwerk», hatte Peter Glotz vor Jahren im «Sonntagsblick» geschwärmt. Der Deutsche war in der Regierung von Helmut Schmidt Staatssekretär für Bildung und Wissenschaft gewesen. Und in seinen letzten Jahren Medienprofessor an der Universität St. Gallen.

Norbert Lammert, Präsident des Deutschen Bundestags, hat kürzlich gesagt, alle zehn, fünfzehn Jahre werde die ausgeschiedene Politikergeneration der jetzigen als Vorbild angeboten. Waren Politiker und Politik früher wirklich besser? Das wird unterschiedlich beurteilt. Was jedoch bestimmt zutrifft: Selbstverständlich ist die Politik heute eine andere, als sie es gestern war.

Wir stecken mitten in einer politischen Zerreissprobe. Das bürgerliche Lager ist gespalten. Die politische Rechte und Linke finden keinen gemeinsamen Nenner mehr. Während Jahrzehnten hat die FDP als stärkste Partei die politische Agenda diktiert. Sie bot Hand zum sozialpolitischen Kompromiss mit der SP. Unter der Federführung des freisinnigen Bundesrates Walter Stampfli haben FDP und SP 1947 die AHV aufgegleist. Im Jahr danach wurden die ersten Renten ausgezahlt. Die AHV ist heute noch das grösste Sozialwerk. In den Nachkriegsjahrzehnten ist der moderne Sozialstaat auf- und ausgebaut worden.

1959 hat der neue Sitzverteiler im Bundesrat, die «Zauberformel», Geschichte geschrieben; 2 FDP, 2 CVP, 2 SP, 1 SVP. Die SVP war damals die kleinste Bundesratspartei. CVP und SP hatten diesmal gegen die FDP das Konkordanzsystem eingeführt. Politische Gegner von rechts bis links regieren als Partner das Land. Das gibts nur in der Schweiz.

Mit dem Freihandelsabkommen von 1972 wurden die Beziehungen zur EU geregelt. Die gemeinsamen Interessen führten zum überparteilichen Schulterschluss. Im Gegensatz zu heute war der Kompromiss bei elementaren Anliegen für Land und Volk machbar. Das verschaffte der Schweiz eine einmalige, weltweit bewunderte politische und soziale Stabilität. Eine Visitenkarte von unschätzbarem Wert für den Standort Schweiz.

Die Demokratie lebt von der Konfrontation und von der Kooperation. Seit die SVP die stärkste Partei ist, dominiert die Polarisierung. Christoph Blocher als Chefstratege vom Dienst braucht Gegner. Und je weiter rechts einer steht, desto mehr Linke sieht er. Blocher behauptet durch alle Böden, im Bundeshaus regiere ein Mitte-links-Bundesrat. Mit Ueli Mauer als dem letzten bürgerlichen Mohikaner. Ich sehe das anders. Bei den zwei freisinnigen Bundesräten erkenne ich beim grösstmöglichen Wohlwollen nicht den Hauch eines Linksdralls. Die CVP-Frau Doris Leuthard schenkt ihre christliche Nächstenliebe dem Papst, nicht den Roten. Und das von der SVP verschupfte Findelkind Eveline Widmer-Schlumpf gründete eine waschechte Bürgerlich-Demokratische Partei (BDP).

Blocher aber trommelt, seit er im Bundeshaus politisiert, gegen die «Linken und Netten». Diese Netten sind seine bürgerlichen «Linken». Die gelegentlich auch mit der SP zusammenarbeiten. Wie sich das in der Konkordanz gehört. Blocher hingegen möchte eine rein bürgerliche Regierung. Unter Führung der SVP. Mit der FDP und CVP in Geiselhaft. Solange sie nicht mitmachen, sind sie keine bürgerlichen Parteien mehr. Wirft ihnen Blocher vor. An dieser unversöhnlichen Ausgrenzungspolitik scheitert das Gemeinsame. Scheitert der nationale Zusammenschluss. Leidet der Standort Schweiz.

Seit 15 Jahren steckt die 11. AHV-Revision im politischen Stau. Weil wir länger leben und länger Renten beziehen, braucht die AHV ab 2020 dringend mehr Geld. Darin sind sich alle Fachleute einig. Bundesrat Alain Berset hat mit einem neuen Anlauf eine Revisionsvorlage ausgearbeitet. Und kassiert fast nur Pfiffe. Die Politik kann und darf die AHV nicht im Stich lassen. Es muss doch noch möglich sein, sich wenigstens beim grössten Sozialwerk zusammenzuraufen.

Wie immer man zur EU steht, es gibt sie. Mit 60 Prozent Anteil ist sie unser wichtigster Handelspartner. Zum Vergleich: Mit Brasilien, China, Indien, Russland sind es zusammen 8 Prozent. Die Einigung mit der EU ist ein Muss. Dazu braucht es hie und da den Schulterschluss. Dem «Kunstwerk Schweiz» von Peter Glotz zuliebe. Wir wollen doch nicht sein kein einig Volk.

(Schweizer Illustrierte, 5. 5. 2014)

Wenn man sagt, was man nicht denkt

Politiker haben nicht den besten Ruf. Sie würden zu viel warme Luft produzieren, so ein Vorwurf. Ein Zyniker formuliert das so: Politiker seien Hoffnungsträger, die unsere Hoffnungen zu Grabe tragen.

Professoren reden anders als Bauarbeiter. Politiker pflegen auch ihre eigene Sprache. Sagt ein Nationalrat, er sei grundsätzlich oder er sei im Prinzip mit dem Bundesrat einverstanden, ist er das eben gerade nicht. Angenommen, der Bundesrat präsentiert eine Vorlage zur 11. AHV-Revision. Wenn in der Debatte ein Fraktionssprecher versichert, seine Partei sei grundsätzlich für eine Revision, lässt er in neun von zehn Fällen die Katze aus dem Sack: «Aber doch nicht für dieses Konzept.» Ich habe einen Ratskollegen amüsant erlebt. Der Pazifist meldete sich bei Krediten für die Armee regelmässig zu Wort. Und betete uns vor, er sei im Prinzip für die Landesverteidigung, aber nicht für diesen Kredit. Er hatte nicht ein einziges Mal Ja gestimmt. Ihm genügte es, im Prinzip dafür gewesen zu sein.

Nationalrat Geri Müller hat sich mit seinem Striptease selber erniedrigt. Privates ist öffentlich geworden. Dass er nicht damit gerechnet hat, ist schon fast dumm. Da hätte der längst verstorbene Bundesrat Ernst Brugger sein überaus sympathisches Hobby nicht wie das Bankgeheimnis vor allen Leuten zu hüten brauchen. Erst nach seinem Rücktritt erfuhren wir, dass er in der Freizeit im Estrich am Boden hockte und mit seiner Modelleisenbahn spielte. Die Befürchtung, der Bundesrat wäre als grosser Bub ertappt und das wäre schlecht goutiert worden, war unbegründet. Im Gegenteil.

Geri Müller hingegen hat sich als Stadtammann von Baden Probleme eingehandelt. Seine Kollegen haben ihn von allen Arbeiten freigestellt. Im *Blick* vom 3. 9. 2014 versucht er den Befreiungs-schlag: «Ich werde wieder ganz der Alte sein. Der, der ich war.» Ui, ui, voll daneben. Genau dieser «Alte» belastet ihn ja.

Bundesräte betonen gerne, sie nähmen die Anliegen der Bevöl-kerung ernst. Das wollen wir doch hoffen. Weil das selbstver-ständlich sein sollte, ist Vorsicht angebracht. Wie bei jenen, die einem ständig versichern, «aber nun mal ganz ehrlich». Da werde ich hellhörig. Womit ich beim Stichwort Dübendorf bin.

Bundesrat Ueli Maurer hat den Militärflugplatz Dübendorf freigegeben. Die Luftwaffe kann darauf verzichten. In der dicht besiedelten Agglomeration ist der Entscheid mit Erleichterung quittiert worden. Endlich ist man den Fluglärm los. Für die Stadt-regierung ist das frei gewordene Areal wie ein Geschenk des Him-mels. Für dessen Nutzung hat sie ein paar kluge Köpfe mit der Planung beauftragt. Eine kalte Dusche hat den Prozess jäh ge-stoppt. Der Bundesrat will den Militärflugplatz für die Privatflie-gerei reservieren. Dazu gehört der fliegende Taxidienst. Womög-lich wirds dann noch hektischer und lärmiger.

Bundesrätin Doris Leuthard hat die Enttäuschung der Betroffe-nen natürlich mitbekommen. Und versucht zu beruhigen. Sie nehme die Sorgen dieser Leute ernst. Was macht sie, wenn der FC Aarau verliert? Gratuliert die Aargauer Bundesrätin dann zur Niederlage? Man kann im falschen Moment manchmal auch das Falsche sagen. Das ist der Verkehrsministerin bestens gelungen. Ihr «Trost» ist Salz auf die wunde Seele der Dübendorfer.

Dabei ist Politik ganz einfach: Sagen, was man denkt, und tun, was man sagt. – Nicht von mir, von Willi Ritschard.

(Basler Zeitung, 20. 9. 2014)

Die SP kanns nicht allen recht machen

Chefredaktor Markus Somm hat am letzten Samstag den politischen Marktwert der SP Schweiz bilanziert. Nicht gerade schmeichelhaft ist sein Vergleich aus dem Tierbuch: «Von lieben Tigern und bösen Büsis», so seine SP-Visitenkarte. Liebe Tiger gibt es weder in der Natur noch in der Politik. Die ist ein Marathonlauf durch die Jahrzehnte. Wir Linken sind verdammt gut trainierte Kämpfer mit enormer Ausdauer. Das brauchts gegen diese tüchtigen bürgerlichen Gegner.

Im Untertitel gibt Somm Rätsel auf: «Die SP hat ein Problem. Was sie will, wollen nur wenige. Dennoch wird das Land immer linker.» Wie schafft es eine angeblich so harmlose Büsi-SP, dass «das Land immer linker wird?» Was ja leider nicht zutrifft. Da ist die Sehschärfe getrübt durch eine Überdosis K-Ideologie (Kapitalismus-Ideologie). Mit dem Effekt, je weiter rechts einer steht, desto mehr Linke sieht er halt.

Markus Somm listet auf, von 21 SP-Volksinitiativen seit 2001 sei nur eine angenommen worden. So ist es. Aber: Die zwei letzten waren die Managerlöhne 1:12 und die Einheitskrankenkasse. Mit 35 und 38 Prozent Ja-Stimmen. Für den BaZ-Chef hat die SP «nicht nur knapp, sondern katastrophal verloren». In der Schwarzweisslogik mag das so scheinen. Politisch stimmt diese Rechnung nicht. Die SP ist die einzige Linkspartei. Und das in der Minderheit. Zwar haben wir nur Minderheitsparteien. Keine verfügt über die absolute Mehrheit. Die massgeblichen bürgerlichen Parteien politisieren in entscheidenden Fragen auf einer Linie. So haben sie im Bundesrat und im Parlament eine Mehrheit. Der SP fehlen ähnlich viele gleichgesinnte Partner. Es ist für sie deshalb schwerer, zu gewinnen. Ihr Wähleranteil beträgt knapp 19 Prozent. 38 Prozent Ja-Stimmen für die Einheitskrankenkasse sind für sie gar keine Katastrophe. Das sind doppelt so viele, wie sie Wähler hat.

Als Ueli Maurer noch SVP-Präsident war, machte er dazu eine erwähnenswerte Aussage. Gute Politik sei, was der SVP nützt. Für Volksinitiativen hat er das so beschrieben: «Politisch sind wir in einer Win-win-Situation. Wir können uns profilieren, ob wir gewinnen oder verlieren. Der SVP nützt das auf jeden Fall» (*Tages-Anzeiger*, 28.6.2004).

Ich weiss nicht, wie wenig für Markus Somm wenig ist. Fast 40 Prozent Zustimmung ist sicher nicht wenig. Es ist auch kein Sieg, ein Teilerfolg aber schon. Zumal nach einer Niederlage das Thema der Initiative nicht immer abgeschlossen ist. Wie das Beispiel der 1984 abgelehnten SP-Banken-Initiative lehrt. Bundesrat und Parlament haben Anliegen der SP aufgenommen und speditiv das Geldwäschereigesetz gegen die Drogenmafia eingeführt. Heute, 30 Jahre später, hat auch das Bankgeheimnis international ausgedient, wie wir es postuliert hatten. Das sind dann die siegreichen Niederlagen.

Die Bürgerlichen halten sich seit Gründung unseres Bundesstaates an der Macht. Das, weil sie die Linkskurve stets gerade noch geschafft haben. Weil sie der SP und den Gewerkschaften Zugeständnisse machten. Machen mussten. Um an der Macht zu bleiben. Dem sage ich clevere Politik. Beide profitieren, die Rechte und die Linke. So entstand die Konkordanz. Das Erfolgsmodell Schweiz. Es gäbe sie ohne SP nicht. Sie ist der linke Flügel unserer Demokratie. Den es, genauso wie den rechten, braucht, um eine Demokratie zu sein. Das allerdings ist nicht aus dem Tierbuch.

(Basler Zeitung, 11.10.2014)

Was beraten diese Berater eigentlich?

Der Bund hat 2013 858 Millionen Franken für externe Berater ausgegeben. 2009 waren es noch 470 Millionen. Da ist eine Beraterseuche ausgebrochen. Dazu ein spöttischer Vergleich: Ein Berater ist jemand, der 49 Liebespositionen kennt, aber keine einzige Frau.

Berater tauchen im Bundeshaus erst seit ein paar Jahren in Kompaniestärke auf. Vorher holte man sich Rat bei Gutachtern. Als Nationalrat bekam ich mit den Unterlagen nicht selten zwei Gutachten. Das eine dafür, das andere dagegen. Vor allem dann, wenn eine Bestimmung der Bundesverfassung zu interpretieren war. Das erinnert mich immer wieder an Max Imboden. Den Professor für Strafrecht an der Universität Basel, FDP-Nationalrat, danach Präsident des Schweizerischen Wissenschaftsrates. Und Verfasser von explosiver Politliteratur. Titel: «Helvetisches Malaise». Das Büchlein mit 43 kleinformatigen Seiten hatte 1964 ein mittleres politisches Erdbeben ausgelöst. Daraus nur ein Satz: «Im 19. Jahrhundert waren wir eine revolutionäre Nation, heute sind wir eine der konservativsten der Welt.» Solches von einem Freisinnigen. Vor 50 Jahren. Das war einmal.

Max Imboden war als Gutachter eine Topadresse. Er habe seine Praxis geändert, hatte er mir mal erzählt. Zu oft verschwänden Gutachten in der Schublade, weil sie nicht den Erwartungen entsprachen. Seither teile er auf ein, zwei Seiten mit, zu welchem Schluss er mutmasslich kommen werde. Dann erhalte er den Auftrag oder eben nicht. Auf meine Frage, also seien ab und zu Gefälligkeitsgutachten erwünscht, antwortete er: «Ja, aber das passiert nur bei einer öffentlichen Verwaltung. Unternehmen der Wirtschaft wollen wissen, was ihnen der Gutachter rät. Erst recht, wenn es unangenehm ist. Gefälligkeitsdienste nützen ihnen gar nichts.»

Politik ist halt anfällig für Liebesdienste. Da frage ich mich, gilt das auch für Berater? Gibt es solche, die liefern, was der Auftraggeber gerne hätte? Anders gefragt, holt er sich den, von dem er das weiss? Ich würde das nicht ausschliessen. Eigentlich gehe ich davon aus. Wie auch immer, da haben wir eine externe, unkontrollierte Nebenverwaltung.

Das VBS von Ueli Maurer hält mit 282 Millionen Franken den Rekord beim Beraterumsatz. Mit der Ausrede, 100 Millionen seien irrtümlich diesem Konto belastet worden. Als ob das kein Beschiss wäre. Doris Leuthard folgt mit 108 Millionen auf dem zweiten Platz. Johannes Schneider-Ammann und Simonetta Sommaruga sind die zwei Bescheidensten. Wobei noch eine Bemerkung beizufügen ist. Ich möchte die SVP-Tenöre hören, wäre ein SP-Bundesrat mit Steuergeldern derart verschwenderisch umgegangen wie Maurer. Zumal sein Departement mit 12 000 Beamten einen Drittel der gesamten Bundesverwaltung und damit am meisten Personal hat.

Gutachter und Berater braucht es. Als Ausnahme. Und nicht, wie es sich offensichtlich eingebürgert hat, im Zweifelsfall als Regel. Um nicht selber entscheiden zu müssen. Diese «Saumode» fängt teils schon beim Departementschef an. Das überträgt sich auf seine Chefbeamten. Berater nehmen ihnen die Verantwortung ab. Das aber ist nicht der Sinn der öffentlichen Verwaltung. Und schon gar nicht für Bundesräte. Die sind zum Regieren gewählt worden, nicht, um sich extern teuer bezahlt beraten zu lassen. Dafür haben sie ihre qualifizierten Mitarbeiter.

(Basler Zeitung, 18.10.2014)

Scheinheilig

Wenn auf der Autobahn durch den Gotthard zehn oder mehr Kilometer Stau gemeldet werden, muss es entweder Ostern, Pfingsten oder Ferienzeit sein. Am 5. September 1980 hatte Bundesrat Hans Hürlimann den Gotthard-Strassentunnel eingeweiht. Mit einem gloriosen Missverständnis: «Dieser Tunnel ist kein Korridor für den Schwerverkehr.»

Statt keine passieren im Jahr 1,3 Millionen Lastwagen den Tunnel. 1994 wurde die Alpeninitiative vom Stimmvolk angenommen. Seither steht in der Bundesverfassung, im Nord-Süd-Transit seien Güter auf die Schiene zu verlagern. Dagegen erhob die EU Einspruch. Die Schweiz könne das zum Beispiel vom Autoland Holland nicht verlangen. Die Initianten waren kulant zum Kompromiss bereit, die Alpeninitiative nicht wortwörtlich umzusetzen. Ausgehandelt wurde, die Zahl der Lastwagen auf 650 000 im Jahr zu begrenzen. Davon sind wir noch weit entfernt. Die EU musste ihrerseits akzeptieren, dass für die Durchfahrt eine Schwerverkehrsabgabe erhoben wird.

In den 1990er-Jahren verhandelte Bundesrat Dölf Ogi mit der EU über ein Nord-Süd-Transitabkommen. Die Schweiz hat sich dabei verpflichtet, den Neat-Gotthard-Eisenbahntunnel (Neue Eisenbahn-Alpentransversale) zu bauen. In absehbarer Zeit wird der längste Eisenbahntunnel der Welt in Betrieb gehen.

Der damalige Verkehrsminister Ogi informierte seine EU-Kollegen einzeln am Tatort. Bei der Kirche in Wassen erklärte er ihnen den Bauplan für den Neat-Tunnel. Für den britischen Minister muss das eine Qual gewesen sein. Sein Besuch fand im November bei Affenkälte statt. Der Engländer habe im leichten Sommerkleid, ohne nichts sonst, wie ein Schlosshund geschlottert. Der Bergler

Dölf Ogi soll das mit vergnügter Anteilnahme beobachtet haben. Selten sei ein Gast so gern in den Helikopter eingestiegen.

Fast hundert Jahre vor dem Strassentunnel war der Eisenbahntunnel gebaut worden. 1882 passierte ihn der erste Zug. Einer von sechs im Tag. Gemessen an dem bisschen Verkehr ist damals weitsichtig grosszügig geplant worden. Nur so wird heute noch das zigfache Verkehrsaufkommen bewältigt. Allerdings dauert die Bahnfahrt durch den kurvenreichen Tunnel von Basel nach Lugano länger als nach Paris.

Der Gotthard ist voller Geschichten. Eine verrückte geht ins Jahr 1958 zurück. Der Bundesrat hatte einen Planungskredit bewilligt. Um, man lese und staune, abzuklären, ob im Gotthardmassiv Atombombenversuche möglich wären. Die Armeeführung hätte gern eine eigene Atombombe gehabt.

In der BBC Baden, heute ABB, war eine Maschinenhalle automatisiert worden. Vier Arbeiter versahen den Aufsichtsdienst. Um bei einer Panne eingreifen zu können. Nur passierte sie ganz selten. Jeden Freitag rannten die vier nach dem Feierabend zum Töff, um eine Wette einzulösen: wer zuerst auf dem Gotthardpass sei. Vom ständigen Warten mussten sie Dampf ablassen.

Der Gotthard ist wieder mal ein Politikum. Der Strassentunnel muss saniert und für drei Jahre gesperrt werden. So lange möchte das Tessin nicht auf eine Strassenverbindung zur Deutschschweiz verzichten müssen. Das brachte den Bundesrat auf eine schlaue Idee. Zuerst soll eine zweite Röhre gebaut und erst dann die andere erneuert werden. Dem haben National- und Ständerat mehrheitlich zugestimmt. Die alte Crew der Alpeninitiative hat das Referendum lanciert.

Wenn dann beide Tunnel befahrbar sein werden, wird das mehr Verkehr auslösen. Das hingegen ist wegen der vom Volk angenommenen Alpeninitiative verboten. Der Bundesrat behilft sich mit einem raffinierten Angebot. Beide Tunnel sollen nur noch einspurig befahrbar sein. Das quittieren die Referendumsgegner mit Hohn und Spott. Ein solches Versprechen sei auf Dauer nicht durchzuhalten. Wie das Bundesrätin Doris Leuthard 2012 in der Verkehrskommission des Nationalrates selber erklärt hatte: «Man kann verfassungsmässig nur eine zweite Röhre bauen, wenn man beide einspurig betreibt. Das ist aber ein bisschen Seldwyla. Wir bauen ja kaum zwei Tunnel und lassen je eine Spur leer. Das ist scheinheilig.»

Daran wird die Verkehrsministerin nur mehr ungern erinnert. Denn genau was sie gesagt hat, behaupten die Gegner. Inzwischen ist sie selber «scheinheilig» geworden. Man wird sie noch oft zitieren. Der Abstimmungskampf kann ja heiter werden.

(Schweizer Illustrierte, 20. 10. 2014)

Die Steuerpolitik ist ein Dschungel

Da soll noch einer drauskommen. Die EU-Kommission macht seit Jahren Druck auf den Bundesrat. Weil Kantone ausländische Holdinggesellschaften und Multi-Konzerne mit Billigsteuern verwöhnen. Schweizer Unternehmen zahlen mehr. In der EU gilt der Grundsatz, der Steuertarif sei für alle gleich. Gleich hoch oder gleich tief. Der Bundesrat geht mit der Unternehmenssteuerreform III auf die EU ein. Nach dem Vorschlag soll eine Harmonisierung zur einheitlicheren Besteuerung führen. Schweizer Unternehmer würden weniger, ausländische Multis etwas mehr zahlen. Zurück bleibt ein Milliardenloch. Das der Bundesrat mit einer Kapitalgewinnsteuer ausebnen möchte. Für SVP/FDP ist sie ein rotes Tuch.

Was die EU-Kommission der Schweiz übel nimmt, wird im EU-Mitgliedland Luxemburg ebenfalls praktiziert. Nur viel konsequenter. Daneben sind unsere Kantonesen die reinsten Weggli-buben. In Luxemburg profitieren 343 internationale Multis von Niedrigsteuern. Im Schnitt werden ihre Gewinne gerade noch mit 1,1 Prozent belastet.

Im Grossherzogtum vertritt die Beraterfirma Pricewaterhouse-Coopers mit 2300 Mitarbeitern die Geschäfte der ausländischen Multis. Sie hat sich auf sogenannte Rulings-Abkommen spezialisiert. Das sind Steuerabkommen von Multi-Konzernen mit dem Staat Luxemburg. Ein Muster: Ein Multi verschiebt den Gewinn von Mexiko nach Luxemburg. Vom Umsatz werden nur 0,25 Prozent versteuert. 99,75 Prozent sind steuerfrei. Das hat sich bei uns noch kein Kanton erlaubt. Bevor die EU der Schweiz Auflagen macht, soll sie die gefälligst im eigenen Haus durchsetzen. «S isch doch wohr», hätte Alfred Rasser gesagt.

Dieses Luxemburger Modell ist durch Indiskretionen publik geworden. Journalisten aus 26 Ländern haben Tausende Dokumente durchforstet. Der *Tages-Anzeiger* hat darüber informiert. Unsere UBS und Credit Suisse, wen wunderts noch, sind natürlich dabei, wenn Steuern gespart werden können. Sie zahlen mit ihren Milliardenbussen eh schon mehr an die USA als im eigenen Land Steuern. Es hat bereits Seltenheitswert, was Robert Heuberger, bekannt als Immobilienkönig von Winterthur, praktiziert: «Wer viel Steuern zahlt, hat auch viel verdient.»

Ständig werden wir von denen genervt, je mehr Geld sie haben, desto weniger Steuern möchten sie zahlen. Unternehmer sagen dem «Optimieren». Bundesrat Johann Schneider-Ammann hatte als Chef der Ammann-Gruppe in Langenthal Steuern optimiert. Wie offenbar in der Wirtschaft üblich. Die Bernische Steuerverwaltung akzeptierte Schneider-Ammanns Steuersparmodell. Trotzdem hat die SP-Nationalrätin Margret Kiener Nellen am lautesten den Rücktritt des Wirtschaftsministers gefordert. Und nun dies.

2011 weist der Lohnausweis von Kiener Nellen 250 000 Franken aus. Plus 12 Millionen Vermögen – zusammen mit ihrem Mann. Aber bezahlt hat sie 2011 null Franken Steuern. Weil Herr Kiener als Unternehmer 400 000 Franken in die Pensionskasse transferiert und so Steuern optimiert hat. Das ist Gesetz und somit legal. Meine Genossin hat «nur» getan, wofür sie Schneider-Ammanns Rücktritt als Bundesrat verlangt hat. Das heisst, sie macht das Gegenteil von dem, was sie sagt. Das ist Wortbruch. So verliert frau ihre Glaubwürdigkeit. Sie kann nun bei Debatten über Steuern und Finanzen schweigen. Sie hat schon alles gesagt. Mehr interessiert nicht.

(Basler Zeitung, 15.11.2014)

Ein Rücktritt und der Fichenskandal

Heute vor 25 Jahren, am 22. November 1989, löste der Fichenskandal ein politisches Erdbeben aus. Was genau war geschehen?

Bundesrätin Elisabeth Kopp wurde am 12. Januar 1989 gegen ihren Willen zurückgetreten. Da so etwas bei uns nur alle 100 Jahre passiert, war das eine Sensation. Die Justizministerin Kopp war informiert worden, die Shakarchi AG stehe im Verdacht der Geldwäscherei. Ihr Mann, Anwalt Hans W. Kopp, war Verwaltungsratspräsident. Die Bundesrätin tat, was wohl jede Ehefrau auch getan hätte. Sie liess ihrem Hans durch eine Mitarbeiterin ausrichten, er solle schleunigst von diesem Amt zurücktreten. Damit hat sie eine amtliche Information für private Zwecke missbraucht. Deshalb stritt sie zuerst ab, ihren Mann alarmiert zu haben. Und musste dann wegen Amtsgeheimnisverletzung aufgeben. Dass die erste Bundesrätin auf diese Art das Bundeshaus verliess, sorgte für Aufregung. Deshalb wurde eine Parlamentarische Untersuchungskommission (PUK) eingesetzt. Um ihre Amtsführung zu untersuchen. Die letzte PUK hatte es bei der Mirage-Krise 1964 gegeben. Für mich als SP-Präsidenten war eine Kopp-PUK die grosse Chance, endlich die Dunkelkammer der Bundespolizei zu durchleuchten und auszumisten. Bei jeder 1.-Mai-Kundgebung in Basel beobachtete ich stets denselben Agenten, der seine Kamera in der Doppelmappe versteckt hatte. Wir wussten, die Bundespolizei überwachte uns. Was wir nicht wussten, war dieser flächendeckende Schnüffelstaat.

National- und Ständerat stimmten Ende Januar 1989 der PUK zu. Zehn Monate später, eben am 22. November 1989, legte sie ihren Bericht vor. Die Hintergründe von Kopps Abgang waren uninteressant. Als brisant entpuppte sich das Kapital der Bundespolizei (Bupo). Das als Fichenskandal in die Geschichte eingegangen ist. 900 000 Leute waren in den Jahrzehnten vor 1989 observiert, registriert, fichiert und archiviert worden. Die Bupo hatte 900 000 Karteikarten, Fichen genannt, angelegt. Über AKW-Gegner, Reisende in Oststaaten, Friedensfrauen, Gewerkschafter, Demonstranten gegen den Vietnamkrieg der USA, Linke, Halblinke, Liberale, Grüne, Greenpeace-Aktivisten, Journalisten oder Gegner des Apartheidsystems in Südafrika. Fichierte standen bei der Bupo unter dem Generalverdacht, subversiv zu sein. Sie wurden präventiv als zum inneren Feind gehörend notiert. 900 000 politische Maulwürfe bei damals etwa sechs Millionen Einwohnern. Die DDR liess grüssen. Der Fichenskandal entlarvte eine Polizeistaatsmentalität, die für eine Demokratie fatal zerstörerisch ist.

An sich nahm der Überwachungswahn zum Teil geradezu groteske Formen an. Am 1. Mai 1972 war ich Referent in Biel. Vor Ankunft der Demo ging ich vorzeitig in den Volkshaussaal. Und traf einen Mann im Regenmantel an. Trotz schönstem Wetter. Als die Kollegen hereinströmten, grüsste keiner den seltsamen Gast. Worauf ich ihn als Vertreter der Bupo offiziell begrüsste. Volltreffer. Der Mann im Regenmantel rannte unter grossem Lärm aus dem Saal. Ich habe aber den zweiten Bupomann nicht bemerkt, las ich dann in meiner Fiche.

Bei der Mirage-PUK war Nationalrat Kurt Furgler, bei der Kopp-PUK Moritz Leuenberger Präsident. Beide wurden Bundesrat. Der PUK-Lift erwies sich als hilfreich. Der Fichenskandal wirkte wie ein reinigendes Gewitter. Jeder Siebte im Land war als Subversiver verdächtigt worden. Als ob die Schweiz von lauter Staatsfeinden unterwandert gewesen wäre.

(Basler Zeitung, 22. 11. 2014)

Nationalkonservativer Freisinn

Markus Somm hat vor Weihnachten in einem Grundsatzartikel die Frage aufgeworfen: «Was heisst schon nationalkonservativ?» Es geht um das Verhältnis zwischen FDP und SVP. Somm stellt eine Entfremdung fest. Für ihn ist sie «ein Unglück für das Land». Wer gegen einen EU-Beitritt sei, wer also «die Meinung der SVP und vor allem ihres informellen Chefs Christoph Blocher teilt, gerät unter Verdacht, kein echter Freisinniger zu sein». Diese Aussage überrascht mich. Die FDP hat doch ihr früheres Ja zum EU-Beitritt längst widerrufen. Bloss eine bescheidene Minderheit hält noch daran fest. Offiziell, meine ich, lehnt die FDP einen EU-Beitritt ab.

Das zentrale Anliegen von Markus Somm jedoch «ist die Zukunft des rechten Freisinns». Ideal verkörpert hätten ihn «Wirtschaftsfreisinnige, die dieses Land mehr als 100 Jahre lang geprägt, wenn nicht dominiert haben». Man müsse sich in der FDP wieder getrauen, fordert Somm, «Dinge zu vertreten – obwohl die SVP der gleichen Meinung ist». Andernfalls würde die Partei «zerrieben zwischen Linksfreisinn und der SVP. Aus Angst, ja nicht als nationalkonservativ oder als SVP-nah verschrien zu werden».

Vorherrschaft der FDP

Was gehen mich eigentlich die Probleme der FDP als SP-Mann an? Mehr als mir lieb ist. Die historische Leistung des Freisinns wurde sogar im ersten Parteiprogramm der SP ausdrücklich gewürdigt: Die Gründung unseres Bundesstaates von 1884 und damit die Einführung der politischen Demokratie. Dabei ist es nicht geblieben. Die Struktur der Schweiz trägt die Handschrift des Freisinns, der diesen Staat während 100 Jahren massgeblich gestaltet und ausgebaut hat. Die Vorherrschaft der FDP endete 1960 mit der neuen Sitzverteilung im Bundesrat, Zauberformel genannt: 2 CVP, 2 FDP, 2 SP, 1 SVP. Sie kam unter Führung der CVP gegen die Freisinnigen zustande. Immerhin blieb die FDP ein weiteres Vierteljahrhundert die stärkste Fraktion im Bundeshaus. Mit einem ideologischen Salto mortale haben dann Rechtsfreisinnige das Ende der FDP als führende politische Kraft eingeläutet. Dazu nachher.

Zuerst zum Mitte-links-Bundesrat, wie die SVP hartnäckig kolportiert. Markus Somm hat dieselbe Wahrnehmung: «Nirgends ist zu erkennen, was an der bundesrätlichen Politik der jüngsten Vergangenheit noch bürgerlich sein soll». Das würden Energiewende, Bankgeheimnis oder die «Grösse des Staates» beweisen.

In Deutschland ist mit der Energiewende die bürgerliche CDU-Bundeskanzlerin Angela Merkel vorangegangen. Was vernünftig ist, kann doch auch bürgerlich sein. Immerhin hat 1988 sogar Christoph Blocher das geplante AKW Kaiseraugst politisch versenkt.

Das Bankgeheimnis musste für ausländische Kunden unter internationalem Druck aufgegeben werden. Selbst Oswald Grübel gab als UBS-Boss zu, es sei nicht mehr zu halten gewesen. Und Grübel ist kein Linker.

SVP und Rechtsfreisinn plädieren für einen «schlanken» Staat, wie sie sagen. Gemeint ist ein schwacher (Sozial-)Staat. Das ist nun mal ihr politisches Credo. Umgekehrt gibt es Bürgerliche, die das ganz anders beurteilen. Zum Beispiel Professor Fredmund Malik, der an der Hochschule St. Gallen Ökonomie lehrte und jetzt ein Management-Institut führt: «Eine funktionierende Wirtschaft braucht eine funktionierende Gesellschaft und einen starken Staat.»

Was heute als Mitte-links-Politik beklagt wird, war mal solide bürgerliche Praxis. Nehmen wir den Service public. Er ist eine frei-

sinnige Erfindung. Die FDP als Partei der kapitalistischen Marktwirtschaft hatte Post, Telefon und Telegraf (Swisscom), SBB, Spitäler, ETH, Schulen, kommunale Betriebe wie Gas-, Strom- und
Wasserversorgung, Kehrichtabfuhr und städtische Verkehrsbetriebe nicht privatisiert, sondern als öffentliche Dienste installiert.
Erst vor etwa 35 Jahren wollte sie das Rad zurückdrehen.

Die AHV als grösstes Sozialwerk ist eine Koproduktion von
FDP und SP. FDP-Bundesrat Walter Stampfli und SP-Nationalrat
Robert Bratschi, Präsident des Schweizerischen Gewerkschafts-
bunds, hatten sie aufgegleist. Mit einem weltweit einmaligen Finanzierungsmodus. Die AHV kostet die Arbeitgeber und Arbeitnehmer je 4,2 Lohnprozente. Bei einem Managerlohn von fünf
Millionen Franken sind das 210 000 Franken. Im Jahr. Dafür bekommt der Manager als Rentner die Maximalrente von 3510 Franken (Stand 2014). Das war mal für die FDP normale bürgerliche
Politik. Als Kompromiss mit der Linken. So ist mit der AHV der
moderne Sozialstaat entstanden. Ohne Kompromiss gehts nicht in
der Konkordanz.

In Scharen übergelaufen

Die FDP war die Staatspartei schlechthin. Fast alle Direktoren in
der Bundesverwaltung, sämtliche Korpskommandanten der Ar-
mee, die meisten Diplomaten waren Freisinnige. Dazu war die
FDP in Bundesrat und Parlament die mächtigste Partei. Auf ein-
mal verleugnete sie ihre erfolgreiche Politik und ihren eigenen
Staat. 1979 mit dem Slogan: «Weniger Staat und mehr Freiheit».
Von da an hat die FDP bei den folgenden acht eidgenössischen
Wahlen immer nur Wähleranteile verloren. Sie rutschte vom ersten
auf den dritten Platz ab. Blocher überholte die FDP nach ihrem
Rezept «weniger Staat und mehr Freiheit». Die vom konservati-

ven FDP-Flügel sind in Scharen zur SVP übergelaufen. Die Grünliberalen haben vom anderen Flügel Zulauf bekommen. Zurückgeblieben ist eine nicht mehr wiederzuerkennende FDP. Der Zürcher Freisinn hatte die Wirtschaftspolitik der FDP bestimmt. Das erlebte ich im Nationalrat hautnah. Der Basler FDP-Nationalrat Paul Wyss politisierte als Direktor der Handelskammer liberaler. Ebenso sein Solothurner Kollege, mit über 40 Prozent Wähleranteil im Rücken. Angestellte wählten zuhauf freisinnig. Der Präsident des Schweizerischen Kaufmännischen Vereins war denn auch lange Zeit stets ein FDP-Nationalrat. Heute nicht mehr. Der Wirtschaftsfreisinn ermöglichte bei sozial- und gesellschaftspolitischen Anliegen dem liberalen Flügel den nötigen Spielraum für Kompromisse. Die er klugerweise mittrug, um so die weltweit legendäre politische und soziale Stabilität zu bekommen. Als Pakt der Vernunft mit der politischen und gewerkschaftlichen Linken.

Ein ungleiches Paar

SVP und FDP wären ideale bürgerliche Partner. Jetzt sind sie ein ungleiches Paar. Mit einer erfolgreichen und kraftstrotzenden SVP sowie einer FDP mit ruhmreicher Vergangenheit. Die von der SVP jahrzehntelang misshandelt wurde. Für mein Verständnis ist nicht nur der Rechtsfreisinn eine Schwachstelle, sondern das diffuse Profil dieser Partei. Die FDP weiss nicht mehr so recht, was sie will und was sie noch kann.

Die SVP möchte sie mit Blick auf das Wahljahr 2015 in ihrem Seitenwagen mitnehmen. Man sagt dem Listenverbindung. Es ist ein vergiftetes Angebot. Ich kenne Zürcher Freisinnige, die mit der SVP mehr Mühe haben als mit der SP. Viel mehr. Die kaum Lust verspüren, mit ihrem Plagegeist kooperieren zu sollen. Die relative Schwäche der FDP macht es der Führung schwer, Flagge zu zeigen. Nur: Ihre Berührungangst zu Mitte-Links lässt ihr einzig die Option zu, halt mit der SVP zu paktieren. Statt für beide Seiten offen zu sein. Wie das immer die Stärke dieser Partei mit ihren beiden Flügeln gewesen ist. Die nationalkonservative Abschottungspolitik hilft ihr kaum aus dem Dilemma heraus. Es braucht keine zweite SVP. Und das Original hat bessere Karten als die Kopie.

(Basler Zeitung, 31. 12. 2014)

Das Phantom im Bundeshaus

Offenbar bin ich naiver, als erlaubt wäre. Jedenfalls war mir der Ernst der Lage nicht bewusst. Nämlich dass die Schweiz von innen bedroht wird. Das hat, wer denn sonst, der Chef-Ideologe herausgefunden. Christoph Blocher berichtete am SVP-Parteitag vom 28. Februar von einer Verschwörung: «Es ist ein Staatsstreich im Gange», der «von den meisten Mitgliedern des Parlaments und der Regierung» mitgetragen werde. O Gott, so schlimm steht es also um unsere Schweiz.

Was wird mit dem Staatsstreich bezweckt? «In Bern will man die Unabhängigkeit der Schweiz aufgeben.»

Wieso das? «Alle drängen in die EU, in die Fremdherrschaft.»

EU-Staaten sind für Blocher «kolonialisiert». Demnach hätten 28 Staaten die EU-Mitgliedschaft erworben, um so schnell wie möglich ihre Unabhängigkeit loszuwerden. Sogar die Franzosen mit ihrer Grande Nation. Nach dieser Logik wird die EU als grösster Handelspartner zum Feind Nummer eins stigmatisiert.

Worüber ich hirne, ist, ob Blocher das alles auch wirklich glaubt. Dafür ist er mir zu gescheit. Er braucht für seine Politik ein Feindbild. Deshalb unterstellt er dem Bundesrat zum tausendsten Mal, er wolle die Schweiz heimlich in die EU führen. Obschon das nur mit einem Volksentscheid machbar ist. Denn auch das weiss Blocher. Deshalb das Staatsstreichmärchen.

Notabene zu dieser desolaten Zustandsanalyse passt das SVP-Wahlprogramm: «Mit Ausnahme der SVP ziehen alle anderen Parteien auf die Gegenseite. Sie unterwandern und zerstören die Staatssäulen: Unabhängigkeit, direkte Demokratie, Neutralität, Föderalismus. Sie drängen die Schweiz in die Fremdherrschaft … sodass sie ihre Unabhängigkeit verliert.»

«Alle anderen Parteien» sind auf der Anklagebank.

Blocher strickt an einer weiteren Legende. Die bürgerliche 5:2-Mehrheit im Bundesrat sei eine Mitte-links-Regierung. FDP und CVP würden von «netten Linken» geführt. Das wird FDP-Präsident Philipp Müller freuen. Blocher hat so sein geliebtes Feindbild. Als Phantom im Bundeshaus.

Das Ganze wird noch abstruser. SVP-Präsident Toni Brunner fordert von FDP und CVP den rechten Schulterschluss. Seit Jahren werden sie als SP-Satelliten durch die Politarena geschleift und sollen nun bitte Platz nehmen im SVP-Seitenwagen. Die SVP braucht ihre Stimmen, sie will die Macht im Bundesrat. Auf Kosten der SP. Ohne die ihre Partner einer SVP-Übermacht ausgeliefert wären.

Mehr Macht will jede Partei. Darum geht es in der Politik. Als stärkste Partei wäre die SVP für eine Führungsrolle prädestiniert. Wie sie die FDP als einst mächtigste Partei während Jahrzehnten praktiziert hat. Diese SVP ist keine FDP. Peter Bichsel sagt schon lange: «Blocher will die ganze Macht.» Deshalb werden «alle anderen Parteien», pardon, zur Sau gemacht.

Wer führen will, muss koordinieren können, muss konsensfähig sein. Und darf nicht im Alleingang politisieren.

Zwar hat jetzt die SVP bei der Zweitwohnungsinitiative Hand zum Kompromiss geboten. Fraktionschef Adrian Amstutz hat die Falle erkannt. Man kann nicht bei der Zuwanderung auf den Volksentscheid pochen, um ihn bei der Zweitwohnungsinitiative zu verraten. Schon gar nicht im Wahljahr.

Das heisst, die SVP könnte, wenn sie wollte.

Wir müssen davon ausgehen, das sei die Ausnahme von der Regel. Es ist wie bei der Konkordanz. Verbal bekennt sich die SVP dazu. Faktisch fehlt ihr der Respekt vor Andersdenkenden. Das demonstriert sie gegen «alle anderen Parteien» auf eine in der Schweiz bisher nie erlebte Art.

Sicher, Wahlkampf ist keine Veranstaltung für literarische Feinkost. Die Verleumdungsarie darf aber nicht die «Nationalhymne» sein.

Wer immer noch meint, schweizerische Politik sei langweilig, es ändere sich eh nichts, hockt im falschen Film.

Die SVP will eine andere Politik. Sie ist bereit zum Bruch mit der EU, mit dem Völker- und Menschenrecht. Man kann sie nicht daran hindern. Das entscheiden die Wähler.

Woran wir uns nicht gewöhnen dürfen, ist ihr Wahlkampfstil. Ist die mit Millionen und Abermillionen finanzierte Hetzkampagne gegen «alle anderen Parteien». Das ist Missbrauch der Demokratie.

(Schweizer Illustrierte, 9. 3. 2015)

Für einmal hat uns die SVP überrascht

Ich erinnere mich gut an meinen ersten Wahlkampf als SP-Präsident. Der Werbeprofi Robert Stalder gab den Tarif durch. Er könne zwar süffige Inserate texten und attraktive Plakate gestalten. «Aber ihr müsst Ereignisse schaffen, sie sind die beste Werbung für eine Partei.» Genau das ist der SVP letzte Woche gelungen. Mit der FDP auf dem Beifahrersitz. Die Sensation lieferte SVP-Fraktionschef Adrian Amstutz. «Alles andere ist Beilage», lehrt einem ein Fernsehspot.

Komplimente an die SVP sind nicht meine Spezialität. Ein brillanter Schachzug ist allemal erwähnenswert. Auch wenn ihn die SVP liefert. Sie ist über ihren Schatten gesprungen. Man hätte ihr das kaum zugetraut. Es ist wie auf der Theaterbühne. Da spielt einer ständig den Schurken. Um mal in einer neuen Rolle aufzutreten. Als netter Onkel aus Dingsda. Das Publikum ist begeistert.

Seit Jahren haut die SVP die Classe politique in die Pfanne. Fortsetzung folgt mit dem Wahlprogramm 2015: «Mit Ausnahme der SVP ziehen alle anderen Parteien auf die Gegenseite. Sie unterwandern und zerstören Staatssäulen: Unabhängigkeit, direkte Demokratie, Neutralität, Föderalismus. Sie drängen die Schweiz in die Fremdherrschaft…sodass sie ihre Unabhängigkeit verliert.» Strafrechtlich wäre das «allen anderen Parteien» gegenüber üble Nachrede, wenn nicht Verleumdung oder gar Rufmord.

Und dann dies. Amstutz hat einen Coup gelandet. Er bietet überraschend Hand zu einem Kompromiss. Ein langjähriger Streit wird begraben. Schon fallen ihm viele um den Hals. Man ist bescheiden und schnell dankbar geworden. Werden «alle anderen Parteien» nicht wie sonst verbal verprügelt, ist das schon ein Ereignis. Amstutz hat doppelt gepunktet. Er führte seine Partei aus der Sackgasse und hat gute Werbung für sie gemacht.

Am 9. Februar 2014 stimmte die Mehrheit für die SVP-Initiative gegen die Masseneinwanderung. Inskünftig soll die Zuwanderung in eigener Regie kontingentiert werden. Damit wird die mit der EU vereinbarte Personenfreizügigkeit aufgehoben. Aus Brüssel heisst es im Chor, die sei nicht verhandelbar. Die SVP hingegen verlangt vom Bundesrat, ihre Initiative müsse bis aufs letzte Komma umgesetzt werden. Selbst, wenn es dabei zum Bruch mit der EU komme.

Vor drei Jahren wurde die Zweitwohnungs-Initiative überraschend angenommen. Ihr Hauptanliegen: Der Anteil an Zweitwohnungen darf höchstens 20 Prozent ausmachen. Wo diese Limite erreicht oder überschritten ist, dürfen keine mehr gebaut werden. SVP, FDP, CVP haben seither mit allen Tricks versucht, diese Bestimmung zu umgehen. Was die SVP für ihre Initiative verlangt, hat sie für Zweitwohnungen abgelehnt. Amstutz hat eingesehen, dass das nicht geht. Schon gar nicht im Wahljahr. Er handelte mit den Initianten einen Kompromiss für die Umsetzung der Zweitwohnungs-Initiative aus. Beide Seiten sind damit zufrieden. Dem sage ich gute Politik.

Was beweist uns das? Die SVP könnte, wenn sie wollte. Diesmal musste sie, um ihre Doppelmoral loszuwerden. Ein Abschied von der harten Tour ist das nicht. Die SVP will ja im Alleingang schliesslich die Schweiz retten. Weil «alle anderen Parteien sie in die Fremdherrschaft drängen». So stehts im SVP-Wahlprogramm. Diese Partei müsste, sollte es zu einem politischen Klimawechsel kommen, zuerst mal aufhören, ständig alle anderen zu diffamieren. Das wäre ein Ereignis.

(Basler Zeitung, 14.3.2015)

Dürfen Politiker auch Fehler machen?

Ich begann im Nationalrat mit 60 Franken Taggeld. Essen und Hotel inbegriffen. Einzig für Reisespesen kassierten wir einen Franken pro Bahnkilometer. So fanden Kommissionssitzungen weit weg von Bern statt. Etwa im Tessin. Da schauten bis zu 350 Franken Reisegeld heraus. Dann bekamen wir das GA 1. Klasse. Die Spesenschinderei hörte schlagartig auf. Kommissionen tagten nun meistens in Bern.

Der Baselbieter SP-Nationalrat Fritz Waldner fuhr mit dem GA weiter 2. Klasse. «Was würden meine Wähler sonst von mir denken?», glaubte er zu wissen. Später stieg er doch zu uns um.

Nationalrat Walther Bringolf war in den Nachkriegsjahrzehnten der Politstar schlechthin. Er schätzte gutes Essen. Und wurde dafür in der SP-Fraktion gerügt. «Zu teuer, zu bürgerlich.» – Seine Antwort: «Es steht im Parteiprogramm nirgends geschrieben, man müsse schlecht essen.» Mich hatte nach einem Auftritt in der Fernseh-«Arena» eine Unternehmerin der Textilbranche in Goldach angerufen. Als FDP-Mitglied müsse sie sagen, ich sei für einen SP-Parteichef zu gut angezogen. Modisch gekleidet zu sein, sei kein freisinniges Monopol, gab ich zurück.

Und nun die Zweitwohnung von SP-Nationalrätin Susanne Leutenegger Oberholzer. Auch so eine Story. Am 11. März 2012 stimmte die Mehrheit der Bevölkerung für die Zweitwohnungs-Initiative. Unsere Susanne engagierte sich im Ja-Komitee. Zwei Wochen zuvor hatte sie in Valbella eine Zweitwohnung erworben. Auf Anfrage der BaZ-Redaktion sagte sie dazu: «Ich habe keine Zweitwohnung. Sie meinen eventuell die Wohnung der Riva Chur AG, die nicht mir gehört» (BaZ 12.3.2015). Später gab sie zu, an dieser Familien AG mit Schwester und Nichte beteiligt zu sein. Vernünftig wäre gewesen, ganz cool zu bleiben: «Ja, wo ist das Problem?»

Warum um Himmels willen wird zuerst abgestritten, was längst bekannt war? Es ist Wahljahr. Eine solche Story ist kein Zufall. Frau ist nervös, wie alle Männer, die im Herbst gewählt werden möchten. Gelassenheit ist nicht die Stärke der Susanne Leutenegger Oberholzer. Sie politisiert mit Einsatz maximal, leidenschaftlich, kompetent, unerbittlich und mal auch etwas rechthaberisch. Wie Moritz Leuenberger ist sie aber dünnhäutig. Jesses, war der als Bundesrat eine Mimose. Es kommt noch etwas hinzu. Meine Erfahrung ist: Ich habe nach einem Fehltritt andere immer besser verteidigt als mich selbst. Das ist vermutlich auch bei ihr der Fall. Sie hat sich, nachdem sie vom BaZ-Journalisten in die Enge getrieben wurde, in Widersprüche verheddert. Obschon über ihre Zweitwohnung alles schon vor drei Jahren in der *Weltwoche* zu lesen war. Das ist ihr Fehler oder ihre Dummheit, wie immer man das sieht.

Lassen wir die Kirche im Dorf. Dann ist der vermeintliche Skandal ein Fauxpas. Eric Nussbaumer hat als Ratskollege ins Schwarze getroffen: «Es ist nicht verboten, eine Zweitwohnung zu besitzen.» Der hat genau das, was seiner Kollegin abgeht: eine Bierruhe ohnegleichen.

Wo der Zweitwohnungsbestand 20 und mehr Prozent ausmacht, verlangt die Initiative einen Baustopp. Nun kann man dieses Anliegen unterstützen und selber eine Zweitwohnung haben. Es geht ja darum, nicht uferlos Zweitwohnungen zuzulassen. Mit unserer Zweitwohnung in Courtemaîche beträgt dort der Anteil ein Prozent. In Valbella sind es x-mal mehr. Was bleibt? Da ist ein Ausrutscher passiert. Leider. Politiker machen Fehler. Wie wir alle. Sonst wären wir unausstehlich.

(Basler Zeitung, 21. 3. 2015)

Von wirtschaftlicher Verantwortung

«Freie Wildbahn für die Mächtigen nach dem Prinzip
der Rücksichtslosigkeit?»

Geld oder Heimat?

Was ist Heimat? Die Antwort ist gar nicht so einfach. Heimat ist kein präziser Begriff. Sie hat mit Gefühlen zu tun, die ich dort zurückgelassen habe, wo ich herkomme. Die mich begleiten, wo ich jetzt lebe. Das Herz spürt Heimat wahrscheinlich besser als der Verstand im Kopf. Das Eidgenössische Schwingfest zum Beispiel ist ein starkes Stück Heimat. Ebenso die Pferdetage im jurassischen Saignelégier. Heimat ist überall in der Schweiz. Auch im Tätütata, das Postauto ist da.

Damit bin ich beim Thema. Der Noch-Finanzminister lässt ein Sparpaket zurück. 1,5 Milliarden Franken sollen jährlich eingespart werden. Prima, denken wohl die meisten von uns. Wir mögen nun mal nicht, wenn Geld zum Fenster hinausgeschmissen wird. Sparsames Haushalten bedeutet vernünftiges Sparen. Sparen soll Sinn machen. Es ist wie beim Fischen. Der Wurm muss dem Fisch schmecken, nicht dem Angler.

Auf der Streichliste steht das Nationalgestüt in Avenches. So stehts im Staatskalender. Eingespart würden sieben Millionen Franken. In Avenches wird unter anderem Pferdezucht betrieben, die Beratungsstelle Pferd geführt, oder es werden Infrastrukturfragen bearbeitet. Der Bund finanziert Forschungsanstalten für Rinderzucht, Weinbau oder Milchwirtschaft. Warum nicht auch für das Pferd?

Freiberger Pferde sind die letzte einheimische Rasse. Wenn der Bund das Gestüt aufgibt, triffts stark den finanzschwachen Kanton Jura. Das ist die eine Seite. Die andere: Das Pferd ist ein Kulturgut. Es zu pflegen, steht dem der Gemeinschaft verpflichteten Staat gut an. Für schnöde sieben Millionen darf nicht darauf verzichtet werden. Der Verlust stünde in keinem Verhältnis zum buchhalterischen Plus. Es mag meinetwegen nostalgisch oder gar romantisch aussehen: Auch wenn das Pferd als Nutztier an Bedeutung verloren hat, es gehört zur Schweiz, die meine Heimat ist. Ich möchte nicht, dass sie das Bankgeheimnis höher einstuft als das Nationalgestüt in Avenches.

Im Sparpaket gibts eine zweite ärgerliche Position. Es geht um das Postauto. Es steht ebenfalls unter Spardruck. Ganze 15 Millionen Franken sollen herausschauen. Indem 129 Postautolinien aufgegeben würden. Wer in einer städtischen Agglomeration wohnt, den betrifft es nicht. Dafür Menschen in abgelegenen Regionen. Muss das sein?

Das ganz grosse Erfolgsgeheimnis der Schweiz war und ist: Minderheiten werden pfleglich behandelt. Es gibt daher bei uns keine Konflikte wie seit Jahrzenten in Belgien. Das Postauto bedient abgelegenste Täler und Dörfer. Die Botschaft ist klar: «Wir haben euch nicht vergessen.»

Das kostet etwas. Auf einmal sollen wir uns diesen Service nicht mehr leisten können? Das darf doch nicht wahr sein. Die Sicherheit beim Postauto ist legendär hoch. Nie fährt die Angst mit. Auch nicht auf den waghalsigsten Strecken. Sind Sie schon von Magadino nach Indemini gefahren? Sollten Sie. Dort angekommen, werden auch Sie ein Halleluja auf den Chauffeur anstimmen.

Marktwirtschaft basiert auf Gewinn. Das Postauto nach Lü oder ins Safiental ist natürlich kein Geschäft. Auch bei vielen anderen Destinationen nicht. Das Netz umfasst über 10 000 Kilometer. Es ist doppelt so gross wie das der SBB. Bedient werden 14 000 Haltestellen auf 783 Linien. 2009 reisten mit dem Postauto 118 Millionen Fahrgäste.

Seit einigen Jahren können private Konzessionäre Postautolinien betreiben. Es sind 103. 680 werden vom Bundesbetrieb PostAuto bedient. Davon sollen 129 aufgehoben werden. Der Schaden wäre x-fach grösser als die schäbigen gesparten 15 Millionen. «Ganze Ortschaften würden vom öffentlichen Verkehr abgeschnitten», reklamiert PostAuto-Leiter Daniel Landolf. Er hofft, «dass es nicht zum Kahlschlag kommen wird».

Gefordert ist die Politik. Konkret unsere Volksvertreter im National- und Ständerat. Und ihre Parteien. Das Postauto hat einen hohen Symbolwert. Es ist für viele Menschen in abgelegenen Randregionen die einzige Verbindung zur übrigen Schweiz. Die ist sicherzustellen. Als staatspolitische Verpflichtung.

Ein Zweites. Das Postauto ist auch eine touristische Attraktion. Selbst im hintersten Tal. Also ein starkes Stück Schweiz. Zu entscheiden ist: ein bisschen gespartes Geld oder mehr Heimat? Das Postauto gehört zur Schweiz wie das Matterhorn.

(Schweizer Illustrierte, 30. 8. 2010)

Nachtrag: Das Parlament hatte es dann abgelehnt, das Nationalgestüt einzusparen und beim Postauto Abstriche zu machen. Widerstand lohnt sich.

Das Milliardenspiel

Einer liess im Zug sein Notizbüchlein liegen. Darin lese ich: «Man muss die Schweiz nehmen, wie sie ist, aber nicht so lassen.» Einverstanden. Was für eine Schweiz wollen wir? Das ist doch die Frage.

Friedrich Dürrenmatt glaubte nicht an die absolute Gerechtigkeit. Wohl aber an eine gerechtere Gesellschaft. Danach sieht es bei uns nicht aus. Der Trend geht in die falsche Richtung.

Dazu passt der Titel: «Die ewigen Verlierer». So stehts in der «NZZ am Sonntag» vom 13. März 2011. Gemeint ist der Mittelstand. Ihm gehören 60 Prozent der Bevölkerung an. Also die Mehrheit. Diese Mehrheit komme immer nur an die Kasse, heisst es. Besonders kräftig bei den Steuern und Krankenkassenbeiträgen. Wo es aber etwas zu holen gebe, schaue dieser Mittelstand in die Röhre. Kantone und Bund würden sich beim Steuerabbau gegenseitig überbieten. Profitiert davon hätten die Reichen. Die ganz oben vor allem. Nicht die in der Mitte. Das behauptet nicht der Linke. Die liberale Zeitung beweist es. Sie hat erst noch recht. Die Mehrheit im Land sind «ewige Verlierer».

Wie gerecht oder eben ungerecht es zugeht, beweist die Lohnstatistik. Der Schweizerische Gewerkschaftsbund hat sie erstellt. Für die Zeit von 1998 bis 2008. Berechnet wurde das teuerungsbereinigte Lohnwachstum. Also was tatsächlich mehr im Portemonnaie ist. Die Bilanz verdient das Prädikat himmeltraurig.

Geringverdiener haben am wenigstens bekommen. Nur gerade 2 Prozent. Bei den mittleren Löhnen waren es 3,1 Prozent. Auch nicht der Haufen. Besser sieht es bei den hohen Löhnen mit 10,3 Prozent aus. Am meisten profitiert haben die mit den sehr hohen Löhnen: 21,3 Prozent. Die Lohnkurve müsste eigentlich umgekehrt verlaufen.

Wir leben von Franken, nicht von Prozenten. Machen wir die Rechnung. Wer 1998 bereits 2 Millionen Franken auf dem Lohnkonto hatte, bekam 2008 21,3 Prozent dazu: 426 000 Franken. Beim armen Schlucker mit seinen 45 000 Franken warens nur 900 Franken mehr. Diese Lohnpolitik ist extrem ungerecht. Für eine demokratische Gesellschaft ist das beschämend.

Die Schweizerische Bankgesellschaft ist mal die grösste Bank gewesen. Dann fusionierte sie mit dem Schweizerischen Bankverein zur UBS. Im SBG-Bulletin, Ausgabe 9/1995, wurde zugegeben, was sonst am liebsten verschwiegen wird: «Es ist unbestritten, dass der Markt nicht für eine ‹gerechte› Einkommensverteilung sorgt. Aus gesellschaftspolitischen Gründen ist daher eine Umverteilung durch den Staat notwendig.» Nur tut dieser Staat genau das nicht. Die von den Banken gehätschelten Parteien haben im Bundeshaus die Mehrheit. Sie verhindern, was die Bankgesellschaft für «notwendig» hielt.

Damit nicht genug. Der Ex-Chefstatistiker des Kantons Zürich, Hans Kissling, beschreibt eine noch nie da gewesene Vermögensverteilung. Kennwort: Noch mehr Geld zu schon sehr viel Geld.

In den nächsten dreissig Jahren werden exakt 969 Milliarden Franken an 178 290 reiche Erben verteilt. An eine Minderheit von 2,2 Prozent. 879 Milliarden sind für 178 000 reserviert. 90 Milliarden für 290 superreiche Auserwählte. Pro Erbin oder Erbe macht das 300 Millionen Franken. Verbunden mit einer weltweit einmaligen Spezialität. Diese 969 Milliarden Franken sind für die durchwegs vermögenden Erben erst noch steuerfrei. Die Erbschaftssteuer wurde ja faktisch in allen Kantonen abgeschafft. Per Volksentscheid notabene. Peter Bichsel hats vorausgesehen. 1969 schrieb er in «Des Schweizers Schweiz», die meisten würden wie die Reichen denken. So haben sie auch abgestimmt.

Auf Dauer hält kein Wirtschafts- und Gesellschaftssystem zu viel Ungerechtigkeit aus. Das gilt auch für die Schweiz. Nur dauert bei uns alles viel länger. So ebenfalls, bis aus Unbehagen Wut wird. Albert Einstein meinte nicht umsonst, sollte es einen Atomkrieg geben, ginge er in die Schweiz. Dort finde alles 20 Jahre später statt.

60 Prozent sind «ewige Verlierer», und 2,2 Prozent erben 969 Milliarden steuerfrei. So viel soziale Schräglage wird zur Rutschbahn. Sie destabilisiert das System. Das sieht wohl Klaus W. Wellershoff gleich. Der Mann war berühmter Chefökonom der UBS. Nun hat er sich freigeschwommen. Und macht sich offenbar Sorgen um die soziale Marktwirtschaft. Ihr Versagen wird Folgen haben. «Der Kapitalismus scheint dabei zu sein, sich selbst abzuschaffen.» Das sagt Wellershoff. Nicht die SP. Beruhigt?

(Schweizer Illustrierte, 9.5.2011)

Endstation Milliardenloch

Die UBS verwaltet riesige Vermögen. Das wichtigste Kapital für die Bank jedoch ist Vertrauen. Vertrauen der Kunden in die UBS. Das hat ein junger Mitarbeiter in London verspekuliert. Um sagenhafte 2,3 Milliarden Dollar. Oswald Grübel übernahm nach langem Schweigen die Verantwortung. Zwei Tage danach trat er zurück.

Der «Fall Grübel» gibt Gelegenheit zum Nachdenken. Warum ist der in der Branche als grosse Nummer geachtete Mann gestolpert? Der frühere deutsche Bundeskanzler Helmut Schmidt erklärt es uns. Der 92-Jährige ist Co-Verleger für «Die Zeit» in Hamburg. Sie ist Deutschlands angesehenste Wochenzeitung. Schmidt kommentiert regelmässig die Politik. Seine Kompetenz wird allgemein geschätzt. Am 14.7.2011 ist er deutlich wie selten geworden.

Schmidt teilt die Menschen in drei «Sorten» ein: Normale, Kriminelle und Investmentbanker. Wörtlich: «Das Wort Investmentbanker ist nur ein Synonym für den Typus Finanzmanager, der uns alle, die halbe Welt, in die Scheisse geritten hat und jetzt schon wieder dabei ist, alles genauso zu machen, wie er es bis zum Jahre 2007 gemacht hat.»

2007 brach die seit Jahrzehnten schlimmste Finanzkrise aus. Auf dem US-Immobilienmarkt hatten sich Banken aus aller Welt verzockt. Mit Hypotheken für Millionen Amerikaner, die sich nie ein Haus hätten leisten können. Und die höher gewordenen Zinsen nicht bezahlen konnten. Die Hypotheken wurden als Anlagepapiere verkauft. Daraus waren Wertpapiere ohne Wert geworden. Schrottpapiere, so der Fachausdruck. Banken machten Pleite. In den USA allein 140. Oder mussten vom Staat gerettet werden. Deutsche für 480 Milliarden Euro. Die UBS für 60 Milliarden

Franken. US-Banken für über eine Billion Dollar. Wie sagt Schmidt: «Investmentbanker haben sie in die Scheisse geritten.»

Das Drama von Oswald Grübel hängt mit dem Investmentbanking zusammen. Er machte weiter, als ob es nie eine Finanzkrise gegeben hätte. Er hängte die Messlatte zu hoch: 15 Milliarden Jahresgewinn. Mit üblichen Bankgeschäften ist das unmöglich. Grübel setzte auf Risiko um jeden Preis. Also auf Gewinn oder Verlust. Ein 31-Jähriger am Sitz in London hat ihm nun die Pokerpartie vermasselt. Grübel verlor das Gesicht und das Vertrauen.

Die Wirtschaft hat ein Problem mit dem harten Franken. Der Euro kostete mal 1.50 Franken. Zeitweise nur noch 1.01. Nun hat die Nationalbank den Kurs auf 1.20 fixiert. Wie macht sie das? Fragen wir die Marktfrau. Gibts viel Zwetschgen, sind sie preisgünstig. Ist die Ernte klein, kosten sie mehr. So machts die Nationalbank. Sie pumpt Milliarden Franken in den Umlauf. Er wird billiger.

Der schwache Euro macht den Franken hart. Professor Bernd Schips ärgert sich. Er war bis 2008 Leiter der Konjunkturforschung ETH Zürich. Im «Blick» vom 22.12.2010 kritisierte er, dass Schweizer Banken gegen den Euro spekulieren. Auch «die beiden Grossbanken UBS und CS». Sie spekulieren auf Baisse. Nach dem fatalen Prinzip Gewinn um jeden Preis.

Das frühere Mitglied der Generaldirektion der Nationalbank, Niklaus Blatter, doppelte vier Tage später nach: «Mich beunruhigt, dass die Spekulation gegen den Euro zu einem Massenphänomen wird.» Das war eine Warnung an die Banken.

Banken sind für die Wirtschaft da. So stehts im Lehrbuch. Stimmt aber nicht (mehr), sagt Peer Steinbrück, Ex-Finanzminister in Berlin. Das Handelsvolumen an den internationalen Finanzmärkten habe 2009 4400 Billionen Dollar betragen. 70-mal mehr als die weltweite Wirtschaftsleistung. Den 70-fachen Bedarf von Wirtschaft und Gesellschaft also. Da bleibt zu viel Geld für die Spekulation.

Franz Fehrenbach, Chef der Bosch-Gruppe, hat eine Wut. Dieses Unternehmen macht 50 Milliarden Euro Umsatz, beschäftigt 300000 Leute, ist der weltgrösste Autozulieferer, mit Filialen in 150 Ländern. Auf dem Rückflug von Japan habe er gelesen, was die US-Bank Goldman Sachs ihren Kunden empfehle: «Eine Wette auf den Niedergang Europas, um eine hohe Rendite zu erzielen.» Das drehe ihm den Magen um. Unternehmer und Wirtschaft kämpfen «mit aller Energie dafür, wettbewerbsfähig zu bleiben und Europa den Binnenmarkt zu erhalten. Und andere wetten auf den Niedergang dieser tollen Region.»

Die Spekulantenmafia wettet auf alles. Auf den Konkurs Griechenlands oder Spaniens. Bald wohl auf den Weltuntergang. Wenns nur rentiert. Das unterstellen wir Grübel nicht etwa. Nur ist er mit seinem Investmentbanking in schlechter Gesellschaft. Das Milliardenloch London ist für ihn Endstation.

Ist das die UBS-Wende?

(Schweizer Illustrierte, 26. 9. 2011)

Ein bitterer «Sieg»

Das gab es bei der Schweizerischen Nationalbank noch nie. Ihr Direktionspräsident Philipp Hildebrand musste wegen Devisengeschäften seiner Frau zurücktreten. Sie wechselte am 15.8.2010 Franken in über 500 000 Dollar. Und erzielte dann einen Gewinn von 75 000 Franken. Unter Beschuss geriet ihr Mann. Der Notenbankchef habe sein Insiderwissen für persönliche Vorteile ausgenützt. Das verstosse gegen Anstand und Moral.

Rechtlich wäre Hildebrand aus dem Schneider gewesen. Das vom Bankrat erlassene Reglement verbietet dem Direktionspräsidenten Devisengeschäfte nicht. Da liegt der Hund begraben. Der Bankrat als Aufsichtsbehörde hätte das längst ändern können. Zum Beispiel mit der Verfügung, Devisengeschäfte seien allen drei Mitgliedern des Direktoriums untersagt. Punkt.

Ich denke an eine Regelung wie für den Bundesrat. Wer gewählt ist, hat Auflagen zu akzeptieren. Nello Celio musste alle 67 Verwaltungsratsmandate abgeben. Kaspar Villiger überschrieb seinen Firmenanteil dem Bruder. Christoph Blocher übergab die Ems-Chemie AG der Tochter. Damit werden Interessenkonflikte vermieden. Meines Wissens gab es denn auch kaum je Probleme, geschweige denn einen Rücktritt.

Wie sind die Privatgeschäfte der Hildebrands überhaupt publik geworden? Das ist eine dubiose Geschichte. Philipp Hildebrand ist Kunde bei der Bank Sarasin in Basel. Ein Angestellter, nebenbei SVP-Mitglied, klaute seine Daten. Und übergab sie einem Anwalt. Er ist SVP-Kantonsrat. Der informierte Christoph Blocher. Zudem bediente er die SVP-nahe «Weltwoche» mit den Unterlagen.

Für Steuerflüchtlinge, die ihren Fiskus betrügen wollen, musste das Bankgeheimnis aufgegeben werden. Der internationale Druck war zu stark geworden. Im Nachgang räumen die USA und andere Staaten auf dem Finanzplatz Schweiz auf. Es gibt Banker, die reisen nicht mehr in die USA. Zum Beispiel Konrad Hummler, Bank Wegelin, St. Gallen. Aus Angst, verhaftet zu werden.

Für das schweizerische Bankgeschäft bleibt das Bankgeheimnis. Wer es verletzt, macht sich strafbar. Wer dazu anstiftet, ebenfalls. Wasserdicht ist es nicht. In der Bank Sarasin hätten, hört man auf Umwegen, zehn bis zwölf Leute vom Hildebrand-Konto gewusst.

Seit über einem Jahr attackiert Blocher Hildebrand. Dessen Politik passt der SVP nicht. Hildebrand verlangte von UBS und Credit Suisse harte Auflagen. Vor allem mehr Eigenkapital. Für die ausser Rand und Band geratenen Finanzmärkte brauche es mehr Regulierung. Da war er auch international aktiv. Mehr staatliche Kontrolle ist genau das, wogegen Blocher allergisch ist. Ein schöneres Geschenk als Hildebrands Bankunterlagen konnte sich Blocher gar nicht wünschen. Damit kann man Politik machen. Fachlich zeigte der Notenbankchef kaum Schwächen. Dafür ist er einfach zu gut gewesen. Mit einem internationalen Renommee, wie es nur Ausnahmekönner haben. Dagegen prallte Blochers Kritik ab. Der Datendieb hat die Spielregeln auf den Kopf gestellt. Nun stimmte die SVP-Spitze die Verleumdungsarie an. So funktioniert halt Politik.

Hildebrand reagierte widersprüchlich. Er habe vom Devisengeschäft seiner Frau nichts gewusst. Später hat er das korrigiert. Auf eine beispiellose Art. Hildebrand stellte alle Dokumente ins Internet. Und belastete sich damit selbst. Indem auskam, dass er zwar das Devisengeschäft nicht in Auftrag gab, aber es billigte. Dafür entschuldigte er sich öffentlich.

Die «Weltwoche» weiss das besser. Ihre Darstellung: «Es gibt keinen Zweifel: Nicht Hildebrands Frau steckt hinter der Transaktion. Der Spekulant ist Hildebrand.» Er sei ein «Lügner», «Vertuscher», «Währungsspekulant», «Gauner». Es ist keine Bosheit ausgelassen und mit keiner Beleidigung gespart worden.

Für die SVP ist das Bankgeheimnis sakrosankt. Sie wollte es sogar in der Bundesverfassung festgeschrieben haben. Ausgerechnet diese Partei verbündet sich mit einem Datendieb, um Hildebrand zu killen. Mit einem, gegen den eine Strafuntersuchung läuft. Wegen Verletzung des Bankgeheimnisses. Das ist doch eine ziemlich schäbige Art.

Devisengeschäfte gehören nicht ins Direktorium der Nationalbank. Das hat Hildebrand eingesehen. Eine zweite Chance für ihn gabs nicht. Um die Glaubwürdigkeit der Nationalbank wiederherzustellen, trat er ab. Mit Stil und Grösse. Aufrecht und nicht als «Gauner». Schade, das hätte nicht sein müssen.

(Schweizer Illustrierte, 16.1.2012)

Wie viel ist viel Geld?

Wer tüchtig ist und Eigenverantwortung übernimmt, hat in der kapitalistischen Marktwirtschaft die grössten Erfolgschancen. So die Theorie. Reinhard Mohn, der verstorbene Gründer des deutschen Medienkonzerns Bertelsmann, hatte die Gefahr erkannt: «Der Kapitalismus ist nicht gerecht, er ist effizient.» Diese Marktwirtschaft funktioniert nach dem Prinzip: Der Grosse frisst den Kleineren – der Stärkere verdrängt den Schwächeren.

Der legendäre deutsche Wirtschaftsminister Ludwig Erhard wollte das ändern. Das 1957 erschienene Buch «Wohlstand für Alle» war sein Programm: die soziale Marktwirtschaft. Damit schuf er nach dem Krieg das sogenannte Wirtschaftswunder. Alle Beteiligten sollten am Wirtschaftserfolg teilhaben. Die nach Leistung zwangsläufig ungleiche Verteilung von Einkommen und Vermögen wollte Erhard sozialverträglich gestalten. So, dass auch Geringstverdiener anständig leben können.

Das war einmal. Neoliberale Ideologen haben das System in den «Raubtierkapitalismus» verwandelt, kritisiert der ehemalige deutsche Bundeskanzler Helmut Schmidt. Nun gilt das Recht des Stärkeren. Keine 200 Multikonzerne beherrschen die Weltwirtschaft. Wenig Staat und freie Wildbahn für die Mächtigen – so die Devise. Dies nach dem Prinzip Rücksichtslosigkeit.

Gerade diese Woche ist das auf Sumatra, Indonesien, bestätigt worden. Der bald letzte Regenwald soll auch noch zerstört werden. Um dann Plantagen für Palmöl anzupflanzen. Wenns rentiert, wird im Raubtierkapitalismus alles zerstört. Selbst unsere Lebensgrundlage, die Natur.

Standort dieses Systems ist das globale Spielcasino. 2008 kams zum Kladderadatsch. Zum weltweiten Finanzkollaps der Grossbanken. Allein die EU-Staaten zahlten für ihre Rettung 4,6 Billionen Euro, das sind 4600 Milliarden. Berichtet «Das Parlament», Organ des Deutschen Bundestags, Ausgabe 13/2012. Kein Wunder, sind Staaten überschuldet.

Bei uns sei alles besser, glauben wir. Manchmal stimmts. Manchmal nicht. Hätten wir eine soziale Marktwirtschaft, wäre nicht möglich, was ist: 0,58 Prozent der Steuerpflichtigen besitzen gleich viel Vermögen wie die anderen 99,42 Prozent. Nämlich die Hälfte. Das ist Weltrekord für soziale Schieflage.

Das Gefälle zwischen oben und unten ist in den letzten Jahren grösser geworden. Auf Kosten des Mittelstands. Der ist der grosse Verlierer, schreibt die «NZZ am Sonntag». In dieser Zweiklassengesellschaft leben immer mehr Privilegierte abgehoben wie nie zuvor. Das prägt auch das Denken. Jean-Daniel Gerber ist pensionierter Staatssekretär für Wirtschaft. Nun wird er Verwaltungsrat der Credit Suisse. Für diesen Schoggijob gibts 250 000 Franken. 20 000 im Monat. Es gehe ihm nicht um Geld, lesen wir. Dafür ist offenbar das Honorar zu bescheiden. Wann ist denn in diesen gewissen Kreisen viel Geld wirklich viel?

(Basler Zeitung, 14. 4. 2014)

US-Inspektoren für die Schweiz

Stellen Sie sich Folgendes vor: Die deutsche Regierung möchte mit eigenen Kontrolleuren erfahren, wie bei uns Produkte hergestellt werden. Das würde mit heller Empörung abgelehnt.

Aus Berlin ist natürlich kein solches Begehren eingetroffen. Wohl jedoch aus Washington. Was noch mehr befremdet: Es ist bewilligt worden. In den nächsten Wochen werden amerikanische Aufpasser wieder Käsereien und Schoggifabriken inspizieren, lese ich in der «Handelszeitung» vom 6.9.2012. «Weshalb will die US-Lebensmittelbehörde wissen, nach welchen Rezepten zum Beispiel Schweizer Schokolade hergestellt wird?»

Auf welches Recht berufen sich die US-Behörden? Mit Recht hat das nichts zu tun. Das ist reine Machtpolitik. Wirtschaftsimperialismus halt. Der amerikanische Markt entspricht einem Fünftel des Weltmarktes. «Kein internationales Unternehmen kann es sich leisten, die USA zu ignorieren. Schweizer Unternehmen schon gar nicht», so die «Handelszeitung». «Zähneknirschend unterwerfen sich deshalb Banken, Pharmafirmen, Revisionsgesellschaften und Lebensmittelunternehmen dem exterritorialen Überwachungsregime der USA.»

Die Doktrin der US-Administration ist, amerikanische Gesetze, Verordnungen und Normen seien auch für andere Staaten verpflichtend. US-Recht sozusagen als globale Pflicht. Offenbar unterwerfen sich diesem Regime auch grössere Staaten als nur die kleine Schweiz.

Seit dem «Banken-Krieg» mit den USA wissen wir, dass bei den Steuern nach dem gleichen Prinzip verfahren wird. Washington kassiert sie nicht nur im eigenen Land. Wo immer Amerikaner arbeiten und leben auf dieser Welt, sollen sie an die USA Steuern bezahlen. Auf die Schweiz übertragen hiesse das, die 750 000 Auslandschweizer wären für den eidgenössischen Fiskus noch immer steuerpflichtig. Ein absurder Gedanke.

Wir haben Amerika stets als befreundetes Land der unbegrenzten Möglichkeiten bewundert. Nun spüren wir die unbegrenzten Ansprüche. Liegt die Vermutung daneben, da werde gerade noch Wirtschaftsspionage betrieben?

Weshalb lassen unsere Behörden das überhaupt zu? Wird da einfach gekuscht? Die USA stellen Schweizer Unternehmen vor eine Wahl, die gar keine ist: Vogel, friss oder stirb! Wird die Kontrolle abgelehnt, ist das Amerikageschäft futsch. Dann bleibt der US-Markt gesperrt. Deshalb gibt die Wirtschaft nach. Und ermächtigt die Behörden im Bundeshaus, die Aufpasser hereinzulassen.

Die «Handelszeitung» dazu: «Seit einem guten Jahrzehnt gebärden sich die USA als das Land der unbegrenzten Überwachung.»

Das geht also schon seit Jahren so. Und im Bundeshaus herrscht dazu das grosse Schweigen. Dabei tangieren US-Inspektoren die Unabhängigkeit der Schweiz aufs Schwerste. Ich träume von der ersten Firma, die sie vor die Türe stellt. Als Mutprobe für andere.

(Basler Zeitung, 15. 9. 2012)

Mogelpackungen

Dass ein Heizungsmonteur nicht weiss, wie die Heizung funktioniert, können wir ausschliessen. Dafür sind Berufsleute zu seriös.

Beim Investmentbanking ist das anders. Da handeln Leute mit Finanzprodukten, ohne zu wissen, was drin ist. Das hat der in London stattgefundene Prozess gegen den UBS-Banker Kweku Adoboli, 32, aufgezeigt. Im September 2011 wurde er verhaftet. In der Kasse fehlten 2,3 Milliarden Dollar. Man staunt, wie das möglich war.

Adoboli war erst 28, als er schon 340 000 Franken Bonus gutgeschrieben bekam. Sein Teamkollege John Hughes ist zwei Jahre jünger. Bereits als 26- und 24-jährige Juniorenhändler seien sie, berichtet die «Neue Zürcher Zeitung», für ein Wertschriftenportefeuille von 50 Milliarden Dollar verantwortlich gewesen. Adoboli gestand vor Gericht, er habe im Tagesgeschäft bis zu zwölf Milliarden riskiert. Wörtlich: «Jeden Tag, jede Minute habe ich gedacht: Wie kann ich der Bank mehr Geld verschaffen?»

Das Investmentbanking ist hoch spekulativ. Ein «Spiel» fast ohne Grenzen. «Kontrollen versagten, Arbeitskollegen schwiegen (wie eben John Hughes, H. H.), Tausende unerlaubter Deals waren Adoboli möglich», so sein Verteidiger. Um fortzufahren: «Das Drängen der Bank auf mehr, mehr, mehr Gewinne hat Adoboli aus der Bahn geworfen.» Der Verteidiger hat auf Freispruch plädiert. Das Urteil steht noch aus. Adoboli sei unschuldig, sei ein Opfer des Systems. Das da heisse, Gewinne um jeden Preis. John Hughes definierte den Handel als «slot machine», als «Glücksspiel». Das von Adoboli mit Hughes praktizierte Geschäftsmodell nennt sich «ETF-Desk». Die ge- und verkauften Finanzprodukte haben Namen wie «Futures, Call Cades, Short Position, Slush

Account, Hedging, Exchange, Traded Funds, Eurostoxx». Auch erfahrene Banker hätten diesen Handel nicht durchschaut. «Selbst der Linienvorgesetzte Ron Greenidge hat nicht gewusst, wie das ETF-Desk funktioniert», so Adoboli. «Ehrlich gesagt, niemand wusste es ausser Hughes und mir.» Es war ja schliesslich seine Erfindung.

Adoboli/Hughes brauchten Verstärkung. Der «Laden» lief wie geschmiert. Ein alter Hase wurde ihnen als «nanny» zugeteilt. Der habe das ETF-Desk ebenfalls nicht begriffen.

Es fällt schwer davon auszugehen, in der Chefetage habe man von diesem «Bombengeschäft» nichts gewusst. «Die Kultur mit immer schlimmerem Profithunger hat dazu geführt, wachsende Risiken stillschweigend zu dulden», so Adobolis Verteidiger.

Die Millionengewinne schlugen in Milliardenverluste um. Insgesamt mussten 40 Mitarbeiter die UBS verlassen, voran Adoboli als Cheftrader.

Der Prozess gegen Adoboli hat eine Mentalität aufgedeckt, die nur noch als Kultur der Gier von bonusgetriebenen Managern zu verstehen ist. Genau so haben wir uns den Casino-Finanzkapitalismus vorgestellt. Es wird höchste Zeit, dass die UBS damit aufhört, wie UBS-Chef Sergio Ermotti versprochen hat. Der Heizungsmonteur zeigt, was seriöse Arbeit ist.

(Basler Zeitung, 17.11.2012)

Rote Rosen für unseren Staat

Auf was ist überhaupt noch Verlass? Wenn es der Wirtschaft heute gut läuft, kann das morgen schon anders sein. Im Juni beruhigte uns Serge Gaillard als Zuständiger für den Arbeitsmarkt beim Bund, die Konjunktur sei bemerkenswert stabil. Das stimmt schon nicht mehr.

Das europäische Umfeld drückt auch bei uns auf die Stimmung. Griechenland, Spanien, Portugal leiden unter unvorstellbarer Massenarbeitslosigkeit. Italiens und Frankreichs Wirtschaft schwächelt. In Deutschland beginnt der Wirtschaftsmotor zu stottern. Die europäische Autoindustrie meldet für 2012 massive Umsatzverluste. Das ist für die Konjunktur stets ein schlechtes Omen.

Wir spüren die Krise der anderen. Beim Tourismus etwa. Pontresina hat 33 Hotels. 15 sind am Limit, haben leere Betten und Kassen. Den 18 anderen gehts nur bedingt besser. Pontresina ist überall im Ferienland.

Die Maschinen-, Elektro- und Metallindustrie spürt den harten Franken. Er verteuert ihre Produkte. Das wird im Export da und dort zum Handicap. Erste Firmen bauen Stellen ab. Die Auftragsbücher sind nicht mehr so voll wie noch vor einem Jahr. Der Finanzplatz muss aus bekannten Gründen zurückbuchstabieren. Die UBS zum Beispiel streicht 10 000 Stellen. Davon 2500 in der Schweiz.

Die Arbeitslosenquote der Schweiz ist im europäischen Vergleich niedrig. Dennoch steht im Sorgenbarometer die Angst, arbeitslos zu werden, auf Platz eins. Das Gefühl, es könnte «mich» halt doch treffen, ist latent verbreitet. Was ist noch sicher in diesen unsicheren Zeiten? Professor Peter Bofinger sagt dazu Interessantes. Er gehört zu den «fünf Weisen» des deutschen Sachverständigenrats, der die Regierung Merkel berät. Bofinger vergleicht den Staat mit einem Pannendienst. «Wenn ich in Not bin, schleppt er mich ab. Konkret: Wenn ich alt, krank, arbeitslos oder invalid bin, greift er mir unter die Arme.»

Für Bofinger bleibt der Staat in einer globalisierten Wirtschaftswelt noch der einzige verlässliche Rückhalt: «Wenn man als Deutscher oder als Schweizer weiterhin in einem Gemeinwesen leben will, das unseren Vorstellungen von Gerechtigkeit, öffentlicher Sicherheit, Umweltqualität und Kultur entspricht, dann kann man das nur mit dem Staat hinkriegen.»

Für einen staatsgläubigen Linken sei das Musik, so der Vorwurf von rechts. Falsch. Im Staat sind wir Hausmeister. In der globalen Real- und Finanzwirtschaft bestimmen andere. Der Schweiz ist ein einmaliger historischer Kompromiss zwischen rechts und links gelungen: der demokratische und soziale Bürgerstaat. Dies in den Gemeinden, in den Kantonen und im Bund. Zusammen sind sie der Staat. Ohne ihn hätten Volk und Land den letzten Weltkrieg nicht überstanden. Es ist eben «unser» gemeinsamer Staat. Und zwar mit all seinen Schwächen. Aber wir brauchen ihn gerade in den jetzigen turbulenten Zeiten. Wir haben nämlich keinen anderen als diesen Staat. Um den uns die halbe Welt beneidet.

(Basler Zeitung, 24. 11. 2012)

Bankgeheimnis und Datendiebe

Banken pflegen eine Kultur der Verschwiegenheit. Das Bankgeheimnis schütze die Privatsphäre des freien Bürgers, schwärmen politische Schönheitschirurgen. Und entschuldigen so fatale Folgen.

1984 stimmten wir über die Banken-Initiative der SP ab. Das Bankgeheimnis sollte nicht völlig aufgehoben, aber Missbräuche damit untersagt werden. Mafiagelder oder Steuerbetrüger aus aller Welt hätten nicht mehr damit geschützt werden dürfen. Das Volksbegehren wurde mit 73 Prozent Nein-Stimmen bachab geschickt. Die Bankenlobby hatte für diesen Sieg 20 Millionen Franken investiert. Es war bis anhin der teuerste Abstimmungskampf aller Zeiten gewesen.

Alle Sparbüchlein-Inhaber waren persönlich angeschrieben worden. Davon gab es viele. Elf Millionen, mehr als das Land Einwohner zählte. Ohne Bankgeheimnis werde der Steuervogt der Tante Emma ihre letzten 3000 ersparten Fränkli konfiszieren. Mit solchen Tricks argumentierten die siegreichen Gegner.

Albert Einstein soll mal gesagt haben, sollte es einen Atomkrieg geben, würde er in die Schweiz fliehen. Dort finde alles 20 Jahre später statt. Seit dieser Abstimmung sind nun 28 Jahre vergangen. Heute wird ziemlich genau vollzogen, was mit der Banken-Initiative hätte geändert werden sollen.

Selbst UBS-Chef Sergio Ermotti gestand kürzlich: «Am Bankgeheimnis haben wir zu lange festgehalten.»

Das Bankgeheimnis ist seit 1934 im Bankengesetz staatliches Recht. Nun hat es im internationalen Geschäft ausgedient. Das ist diese Woche bestätigt worden. Die Schweiz und die USA haben einen Systemwechsel vereinbart. Ab 2014 werden Schweizer Banken Informationen über US-Kunden an die amerikanische Steuerbehörde liefern müssen. Parlament und allenfalls das Stimmvolk werden das letzte Wort haben.

Damit ist das Bankgeheimnis Geschichte. Die USA haben bekommen, was im Steuerabkommen mit Deutschland nicht infrage kam: der freie Informationsaustausch über Bankkunden. Berlin will jedoch nicht schlechter behandelt werden als Washington. Deshalb hat dieses Steuerabkommen keine Chance mehr.

Dafür jubelt die Staatsanwaltschaft in Bochum. Sie hat diese Woche mitgeteilt, erneut eine geklaute Steuer-CD der UBS für 3,5 Millionen Franken gekauft zu haben. Der Datenträger enthalte Angaben über 750 Stiftungen sowie 550 Grossanleger. Mit einem Gesamtanlagevolumen von 3,5 Milliarden Franken. Der Steuerertrag werde das Vielfache des Kaufpreises ausmachen. Bereits hat der Finanzminister des Bundeslandes Nordrhein-Westfalen 80 Steuerfahnder aufgeboten. Sie werden den nun erwischten Steuerbetrügern einen Besuch abstatten.

Zum wiederholten Mal sind Steuer-CDs gestohlen worden. Offenbar sind die Banken nicht mehr imstande, ihre Kunden davor zu schützen. Was natürlich peinlich ist. Das Bankgeheimnis ist nicht mehr wasserdicht. Es ist wohl gescheiter, es aufzugeben. Statt dass Datendiebe dafür sorgen.

(Basler Zeitung, 8.12.2012)

Im Bundeshaus lauter Versager?

«Die Schweiz wird zum Bimboland», schreibt der bekannte Buchautor René Zeyer in der BaZ vom 27. 9. 2013. Und präsentiert dabei die wohl himmeltraurigste Regierung Europas. Mit einem Bundesrat, der «die Souveränität Stück für Stück aufgibt». Der «eine Kapitulationsurkunde nach der anderen unterzeichnet». Und so «die Schweiz in eine Bananenrepublik verwandelt».

Für Zeyer gibts im Bundesrat offenbar lauter Versager und Verräter. Das Parlament lässt das zu. Die Parteien sind unfähig, den Bundesrat zu stoppen. Alle machen sich am Untergang der Schweiz mitschuldig.

Was ist der Anlass, weshalb sich dieser Polterer dermassen auskotzt? Ich dachte es mir doch: Es ist das Bankgeheimnis, das ihn ohnmächtig stimmt vor Wut. Als ob es im internationalen Geschäft völlig unnötig aufgegeben worden wäre. Mit souveräner Arroganz missachtet Zeyer Fakten. Offenbar hätte dieses Juwel für Steuerbetrug um jeden Preis verteidigt werden müssen. Für was haben wir denn die Armee?

Wurde das Bankgeheimnis tatsächlich fahrlässig fallen gelassen? Natürlich nicht. Die UBS als grösste Bank war von der US-Steuerbehörde beim Steuerbetrug erwischt worden. Der ehemalige UBS-Mitarbeiter Bradley Birkenfeld hatte «gesungen». Packte aus, wie der Hase gelaufen ist. Dafür kassierte er selber drei Jahre Gefängnis. Birkenfeld ist längst wieder draussen. Vergoldet mit 94 Millionen Dollar. Als Dank für die guten Dienste als Kronzeuge gegen seine eigene Bank.

Für die UBS gab es kein Entrinnen mehr. Die amerikanische Steuerbehörde verlangte von ihr die Daten von US-Kunden. Also von Steuerhinterziehern. Andernfalls hätte die UBS Geschäftsverbot in den USA riskiert. Sie bat den Bundesrat, US-Kunden verraten zu dürfen. Das war deshalb nötig, weil das Bankengesetz das Bankgeheimnis vorschreibt. Wer es verletzt, macht sich strafbar. Der Bundesrat gab grünes Licht. Und die UBS zahlte erst noch 780 Millionen Franken Busse, um in den USA weiterhin geschäften zu dürfen. Dazu die «Frankfurter Rundschau»: «UBS kauft sich frei.»

Sergio Ermotti, CEO der UBS, gestand im «Tages-Anzeiger» vom 31.10.2012: «Am Bankgeheimnis haben wir zu lange festgehalten.» Man darf ungeniert davon ausgehen, der Mann weiss, wovon er redet. SVP und FDP wollen das nicht akzeptieren. Wenigstens in der Schweiz soll das Bankgeheimnis gelten. Sie möchten es mit einer Volksinitiative in der Bundesverfassung festschreiben. Das ist ihr gutes demokratisches Recht. Wir werden dann abstimmen und entscheiden. Ermotti hält von der Idee nicht viel. Nachdem das Bankgeheimnis international nicht mehr zu halten war, meint er: «Ein Doppelstandard in der Bankgeheimnisfrage wäre ein Witz.»

Der Bundesrat hat das Bankgeheimnis bis zum Gehtnichtmehr verteidigt. Banken sahen spät ein, es international aufgeben zu müssen. Um überhaupt noch im Geschäft zu bleiben. Der frühere FDP-Präsident Franz Steinegger warnte, es mache keinen Sinn, «heldenhaft zu kämpfen». Die Bürgerlichen seien zu lange «nützliche Idioten» gewesen. Die Macht des Faktischen war stärker. Das will René Zeyer nicht wahrhaben. Dafür rastet er völlig aus. Er argumentiert gar nicht mehr, sondern diffamiert nur noch. Wir alle wissen, Demokratie ist die Staatsform des Andersdenkenden. Sie braucht Kritik, darüber verlieren wir kein Wort. Nicht aber den totalitären K.-o.-Kahlschlag.

(Basler Zeitung, 5.10.2013)

Angeblich wusste der Boss nichts

Würden Piloten Flugzeuge so führen wie gewisse Manager ihr Unternehmen – sie hätten längst Berufsverbot. Der Vergleich ist mir eingefallen, als letzte Woche vier Manager der Grossbank Credit Suisse, angeführt von Boss Brady Dougan, Schlagzeilen machten. Sie waren nach Washington vom US-Senat vorgeladen worden. Als Angeklagte.

Der für solche Fälle legendär gewordene Senator Carl Levin amtierte als Chefankläger. Es ging um krumme Geschäfte der Credit Suisse mit US-Kunden. Als sich Brady Dougan hinter dem schweizerischen Bankgeheimnis verschanzte, legte Carl Levin richtig los: «Aber Sie sind in unser Land gekommen. Sie haben hier Geschäfte gemacht. Und Sie haben amerikanische Gesetze verletzt. Ihre Bank steckt so tief drin wie zuvor die UBS.» Ein anderer Senator doppelte nach: «Wollen Sie lieber in den USA oder in der Schweiz ins Gefängnis?»

Da wird tüchtig ausgeteilt. Der Schweizer Professor an der Universität in Atlanta, Alfred Mettler, war keineswegs überrascht: «Es wird immer aus allen Rohren geschossen.»

Solche Anhörungen sind öffentlich. Sie werden vom Fernsehen übertragen, Senator Levin machte draus eine Politshow. Und attestierte den vier CS-Managern, sich gut verteidigt zu haben. Mich beschäftigt etwas anderes. Brady Dougan hat bedauert, dass seine Bank angeblich dubiose Geschäfte mit amerikanischen Kunden getätigt haben soll. Angeblich? Daran seien nur etwa zehn bis 15 CS-Angestellte beteiligt gewesen. Die «ohne Weisung von oben» zur Steuerhinterziehung geraten hätten. Was er bedauerte. Entschuldigt hat sich der CS-Chef nicht.

Dazu zwei Bemerkungen. Nachweisbar hat die Credit Suisse in der Zeit von 2001 bis 2008 22000 Amerikaner als Kunden gewonnen. Man darf von der Annahme ausgehen, das Bankgeheimnis habe dabei eine Rolle gespielt. Und man geht wohl nicht fehl in der Vorstellung, den neuen Kunden seien die Vorteile des Bankgeheimnisses gebührend geschildert worden. Zum Beispiel, sich von der Steuerpflicht dispensieren zu können. Maximal 15 Angestellte sollen das allein und erst noch auf eigene Faust geschafft haben. Was nun doch von einer ungewöhnlichen Leistungskapazität spräche. Laut einer US-Studie waren es 1800 Credit-Suisse-Mitarbeiter. Das stimmt schon eher.

Zweitens ist anzunehmen, dass es sich bei den neuen Kunden nicht um arme Schlucker gehandelt hat. Sie haben ihre Vermögen bei der Credit Suisse parkiert. Und die Dienste der Bank in Anspruch genommen. In der Regel ist die Vermögensverwaltung ein sehr gutes Geschäft. Das sich in der Jahresbilanz als Gewinn niederschlägt. Und davon soll Brady Dougan nichts bemerkt haben? Das wäre doch sonderbar.

Manager wie Brady Dougan werden für ihre grosse Verantwortung «recht» entlöhnt. Doch nicht, um in Krisenzeiten den Ahnungslosen zu spielen? Um seine Verantwortung auf andere abzuschieben? Auf jene, die nur getan haben, was von ihnen verlangt wurde: Gute Geschäfte abzuschliessen. Was sollen Angestellte von einem Chef halten, der, wenns brennt, sie im Stich lässt? Der sie im US-Senat ans Messer liefert? Denn es gibt einige Kaderleute, die, wenn sie in die USA reisten, verhaftet würden. Weil angeblich sie für die Geschäftspolitik der Credit Suisse die Verantwortung tragen. Mein Kumpel Heiri ist erbost: «Da hat Dougan aus der schlechten Situation das Schlechteste gemacht.»

(Basler Zeitung, 8.3.2014)

Bei uns wäre er ein freier Mann

Es gibt verschiedene Möglichkeiten, sich zu ruinieren. Einem Bekannten gelang das vor Jahren im Spielcasino in Baden-Baden. Wochenende für Wochenende versuchte er sein Glück. Und schlitterte in die Misere. Der grosse Coup blieb aus. Er verschuldete sich, verlor seinen Job, musste als Grossrat zurücktreten, hinterliess eine zerrüttete Familie und endete im persönlichen Elend.

Damals gab es in der Schweiz noch keine Spielcasinos. Dann stimmten wir ab. Seither haben wir eigene Roulettetische. Mit einem fast schon genialen Heiligenschein. Die Gewinne landen zum Teil in der AHV-Kasse. Gespielt wird also für einen guten Zweck. Wer verliert, kann sich trösten: Es ist ja für die AHV. Die Geschäftsführung eines Casinos ist erst noch verpflichtet, ewige Verlierer vor sich selber und vor dem totalen Absturz zu schützen. Sie also aus dem Spiel zu nehmen. Obs funktioniert? Ich weiss es nicht.

Uli Hoeness zockte auf einem viel höheren Niveau mit Millionen. Die Zürcher Privatbank Vontobel war sein Spielcasino. Was wir jetzt erfahren haben, ist der reinste Räuberroman. Mit vielen offenen Fragen. In sechs Jahren wurden 50 000 Transaktionen notiert. Es soll Tage gegeben haben, an denen Hoeness bis zu 300 Transaktionen in Auftrag gab. Der Mann war Manager des FC Bayern, der im letzten Jahr über 400 Millionen Euro Umsatz machte.

Ein solches Unternehmen managt man doch nicht mit dem kleinen Finger. Zumal Hoeness auch noch eine Wurstfabrik besitzt. Wie kann da einer permanent den Börsenkurs verfolgen und am Laufmeter mit der Bank in Zürich telefonieren? Hoeness arbeitet ja weder mit Smartphone noch mit Internet.

Was mich noch wundert. Ich lese, Hoeness habe an einem Tag 18 Millionen verspielt, dann stieg der Kontostand wieder auf 150 Millionen an, am Schluss blieben 28,5 Millionen Euro Steuerschulden. Folglich steht das Drei- bis Vierfache an Gewinn in der Bilanz. Da wird der ganze Irrsinn des Casino-Kapitalismus manifest. Es werden Millionen kassiert, ohne auch nur mit einem Rappen Wertschöpfung. Langsam kommt man sich als normaler Mensch mit seinem Lohn oder mit der Rente saublöd vor.

Hoeness wurde von seiner Bank gewarnt, das Magazin «Stern» sei ihm auf der Spur. Nullkommaplötzlich zeigte er sich im Januar 2013 bei der Steuerbehörde in München selbst an. Mit damals vermeintlichen 3,5 Millionen Euro Steuerschulden. Am ersten Gerichtstag erhöhte er diese auf 18,2 Millionen. Das Gericht legte am nächsten Tag nochmals zehn Millionen drauf. Hoeness schaffte es zum grössten Steuerhinterzieher Deutschlands. Dafür bekam er dreieinhalb Jahre Gefängnis aufgebrummt.

Ein solcher Steuerhinterzieher wäre bei uns gar nicht vor Gericht gekommen. Weil nicht strafbar. «Nur» Steuerbetrug ist es. Mit dieser feinen Unterscheidung haben Steuerflüchtlinge aus aller Welt ihre Vermögen parkiert. Geschützt vom Bankgeheimnis. Dafür zeigen unsere Nachbarn und die USA kein Verständnis mehr. Der Fall Hoeness ist dafür wunderbare Illustration. Steuerbetrüger ist, wer Dokumente fälscht. Steuerhinterziehung, wer «vergisst» zu zahlen. Die Privatbank Vontobel macht für mein Verständnis eine schlechte Figur. Sie hat zwar an Hoeness 15 Millionen Franken verdient. Dass sie aber faktisch ein Spielcasino mit Bankgeheimnis ist, zahlt jetzt Hoeness mit Gefängnis. Keine gute Werbung für eine scheinbar seriöse Schweizer Bank.

(Basler Zeitung, 22. 3. 2014)

Es weht die Fahne des Opportunismus

Der Steuerstreit mit den USA dauert nun schon zehn Jahre. Angefangen hat er mit der UBS. Sie habe US-Kunden zur Steuerhinterziehung angestiftet, lautete der Vorwurf. Um sich zu retten, musste sie das Bankgeheimnis opfern. Musste sie ihre amerikanischen Kunden ans Messer der US-Steuerbehörde liefern. Nötig war die Hilfe des Bundesrats. Nur er durfte das Bankgeheimnis mit Notrecht aufheben. Dem Prozess in den USA entging die UBS mit einer Geldbusse von 780 Millionen Franken. Ein Prozess ist stets mit einem hohen Risiko behaftet. Oft endet ein solcher mit Geschäftsverbot.

Nun sitzt die Credit Suisse (CS) in Washington auf der Anklagebank. Auch sie wegen Steuerhinterziehung mit US-Kunden. Vor Wochen musste sich CS-Chef Brady Dougan dafür vor dem Senat in Washington verantworten. Unter Eid erklärte er, nichts davon gewusst zu haben. Da hätten einige Mitarbeiter auf eigene Faust gehandelt. Allerdings hatten sie die beachtlichen Gewinne an die Zentrale in Zürich abgeliefert. Ohne dass der Boss etwas mitbekam? Da fragt man sich, für was er denn die Millionenboni kassierte? Weil er ahnungslos ist? Weil er nicht weiss, was in seinem «Laden» läuft? Dann fragt doch seine Sekretärin. Die weiss alles.

Bundesrätin Eveline Widmer-Schlumpf flog in diesen Tagen erneut nach Washington. Um beim Justizminister Eric Holder ein gutes Wort für die CS einzulegen. Allein schafft die ihre Verteidigung nicht mehr. Kaum war die Finanzministerin im Bundeshaus zurück, gab Holder den Tarif durch. Gefahren wird die harte Tour. Brady Dougan oder Urs Rohner, Präsident des CS-Verwaltungsrats, müsse nun ein Schuldeingeständnis ablegen. Damit könnte die Strafe massiv erhöht werden. Eine vor zwei Jahren mit dem Bundesrat getroffene Vereinbarung hat der US-Justizminister in den Papierkorb geschmissen. Probleme mit der CS und weiteren Schweizer Banken seien ohne Prozess, sondern mit Geldbussen zu regeln. Hiess es. Die CS hat schon 900 Millionen zurückgestellt. Der US-Senat warf Holder vor, mit der Schweiz zu milde umzugehen. Deshalb dreht er auf. Es ist diese scheinheilige Doppelmoral der Amerikaner, die einen ärgert. Denn im US-Bundesstaat Delaware zum Beispiel wird Steuerbetrug toleriert. Nur hilft das der CS auch nicht weiter.

Das Bankgeheimnis wird für die CS zum Fluch. Es verbietet laut Bankengesetz, dass Bankangestellte einer Steuerbehörde Auskunft über Kunden geben dürfen. Sonst droht sogar Gefängnis. Damit wurde das Geschäft mit dem Steuerbetrug amtlich abgesegnet. Vom Staat bewilligt. Von allen bürgerlichen Parteien durch dick und dünn verteidigt. In den USA gelte amerikanisches, nicht schweizerisches Recht, sagt Eric Holder.

Je stärker der Druck auf das Bankgeheimnis von aussen war, desto trotziger bellten die FDP-Finanzminister zurück, es sei nicht verhandelbar. Die SVP will es sogar in der Bundesverfassung verankern. CVP-Präsident Christophe Darbellay teilte 2008 in der Fernseh-»Arena» «Landesverrat» aus. An Simonetta Sommaruga, weil sie das Bankgeheimnis für nicht mehr verantwortbar hielt. Nachdem die CS genau deswegen in Not ist, steht Darbellay noch zu ihr? In der *Sonntagszeitung* vom 11. Mai 2014 meint er: «Nötigenfalls muss man die Grossbank fallen lassen.»

Da geht mir die Galle hoch. Ich erwarte von einem Politiker, dass er auch dann zu seiner Meinung steht, wenn es nicht mehr populär ist. Erst recht von einem, der so ausgerufen hat wie Darbellay. Da weht mir die Fahne zu windig.

(Basler Zeitung, 17. 4. 2014)

Das gab es noch nie

Ich habe im Bundeshaus allerhand erlebt. Und dachte, so schnell könne mich nichts mehr überraschen. Irrtum. Da hat der US-Justizminister Eric Holder persönlich die Credit Suisse (CS) mit der Rekordbusse von 2,8 Milliarden Dollar bestraft. Was höre ich aus dem Bundeshaus? «Der Bundesrat begrüsst, dass mit dieser Vereinbarung eine Lösung gefunden werden konnte.» Es fehlt nur noch das Dankeschön, liebe Amerikaner.

Was ist passiert? Seit fünf Jahren herrscht mit den USA ein Steuerstreit. Angefangen hat er mit der UBS. Die in Amerika das Geschäft mit der Steuerhinterziehung auf Hochtouren betrieben hat. Damit schaffte es die Bank, bei der Vermögensverwaltung die Nummer 1 zu werden. In der Schweiz? Nein, weltweit.

Seit 2008 wird «unser» Bankgeheimnis im Ausland nicht mehr geduldet. Schon gar nicht von den USA. Die UBS hatte 2009 die Wahl: entweder Geschäftsverbot in den USA oder das Bankgeheimnis für US-Kunden wird aufgehoben. Dazu musste der Bundesrat grünes Licht geben. So konnte sich die Grossbank mit einer Geldbusse von 780 Millionen Franken freikaufen. Im Vergleich zur CS noch zum Discounttarif.

Die CS zählt nur halb so viele US-Kunden wie die UBS. Justizminister Holder verlangte von der CS-Konzernleitung dennoch ein Schuldeingeständnis, kriminell gehandelt zu haben. Warum diese harte Tour? Die Bank sei in den letzten Jahren nicht kooperativ gewesen. Damit wird auch die Höchststrafe begründet. Da ist Willkür und Heuchelei dabei. Im US-Bundesstaat Delaware zum Beispiel wird Steuerberatung für reiche Einheimische toleriert. Bei uns werden dafür vermögende Ausländer mit der Pauschalsteuer zum Fürsorgetarif verwöhnt. Schweizer mit gleich viel Vermögen zahlen das Mehrfache. Jeder Staat macht eben, was er will.

Was bei der Credit Suisse überrascht: Konzernchef Brady Dougan und Verwaltungsratspräsident Urs Rohner waren ahnungslos. Wussten nicht, dass ein paar Tausend US-Kunden bei ihrer Bank Geld deponiert haben, um den amerikanischen Fiskus zu betrügen. Das hätten, erzählte Dougan vor dem US-Senat, einige Mitarbeiter auf eigene Faust getan. Hinter seinem Rücken. Dass damit ordentlich Geld verdient wurde, bekam er scheinbar auch nicht mit. Da fragt man sich, wofür eigentlich der Konzernchef die Millionenboni einkassierte?

Das Wundersame ist, den beiden wird ihre Unschuld erst noch von der Kontrollstelle attestiert. Von der Finma, der Finanzmarktaufsicht. Zwar hat die in ihrem Bericht vom 29. 9. 2012 der CS schwere Verfehlungen nachgewiesen. Den beiden Konzernchefs jedoch stellte die Finma einen Persilschein aus. Brady Dougan und Urs Rohner brüsten sich denn auch: «Persönlich haben wir eine weisse Weste.» So viel Schutz für die Mächtigen gibt es sonst nur noch in Nordkorea. Der erwähnte Kontrollbericht wurde übrigens erst 20 Monate später publik. Just an jenem Tag, da die CS ihre Milliardenbusse bekam. So wurde auch die Unschuld der Konzernspitze bekannt. Man konnte ihr nichts beweisen. Was beweist das schon?

Der Bundesrat begrüsst die hohe Busse in der Annahme, damit sei der Fall durchgestanden. «Das Schlimmste kommt erst noch», funkt Professor Mark Pieth im «Blick» vom 24. 5. 2014 als Spielverderber dazwischen. Die CS sei nur «auf Bewährung entlassen worden», notiert er. «Die USA haben der CS einen Aufpasser zur Seite gestellt. Der wird die Bank umkrempeln. Arbeitet die CS nicht gut mit ihm zusammen, fahren die US-Behörden drastisch drein.»

Das ist noch nicht alles. Mit diesem Aufpasser «wird die Untersuchung im Inneren der Bank noch einmal aufgerollt». Wenn ich das richtig kapiere, steht die CS unter Aufsicht der US-Justiz. Regiert diese also mit. Auch das ist neu.

Wie ist das möglich? Die «Neue Zürcher Zeitung» vom 10. 5. 2014 erklärt es uns: «Die beiden Grossbanken sind, gemessen an der Aktionärsstruktur, die beiden grössten Auslandbanken in der Schweiz. Ausländische Aktionäre halten drei Viertel (CS) beziehungsweise vier Fünftel (UBS) der eingetragenen Aktien und bestimmten, wohin die Reise geht.»

Sind UBS und CS also eine Mogelpackung? Bei denen Swiss draufsteht, mit kaum mehr Schweiz drin? Weil sie die «grössten Auslandbanken» sind, kann offenbar ein amerikanischer Aufpasser sagen, «wohin die Reise geht». Ist noch etwas klar?

(Schweizer Illustrierte, 2. 6. 2014)

Professor serviert ganz scharfe Kost

Ob er Jean Ziegler überholt hat, lasse ich mal offen. Sicher ist er schampar unbequem. Ich meine sein Buch: «Vom Grossen Krieg zur permanenten Krise». Untertitel: «Der Aufstieg der Finanzaristokratie und das Versagen der Demokratie». Es hat nur 100 Seiten. Aber hallo, ähnlich Brisantes gabs schon lange nicht mehr. Verfasser ist Marc Chesney, Professor der Finanzwissenschaft, Leiter des Bankinstituts an der Universität Zürich. Er hat nicht Zieglers Leidenschaft, ist aber sackstark in seiner sachlichen Radikalität. Das Buch ist ein Tatsachenroman aus dem globalen Spielcasino und über die Machenschaften von Grossbanken im weltweiten Finanzdschungel. Chesney hat so gar nicht den vornehm zurückhaltenden Stil des Wissenschaftlers: «Ich bin nicht bei einer Grossbank oder einem Hedge-Fonds angestellt, ich werde vom Steuerzahler bezahlt.» Womit der Professor sagt, «ich bin unabhängig». Marc Chesney kritisiert dubiose Geschäftsmethoden: «Grossbanken leiten das Kapital immer weniger in produktive Investitionen und immer mehr in Wetteinsätze.» Konkret als Beispiel die CDS, die Credit Default Swaps. Damit könne sich die Bank gegen Verluste bei Krediten absichern. Die Praxis allerdings sieht anders aus.

Das angebliche Ausfallrisiko ist eine Wette, so Chesney. «Eine Bank kann CDS auf ein Unternehmen erwerben, obschon sie diesem überhaupt kein Geld geliehen hat.» Mit dem Wertpapier CDS wird «auf den Zahlungsausfall oder Konkurs des betreffenden Unternehmens gewettet.» Geht es in Konkurs, ist die Wette gewonnen. Wie der Sechser im Lotto.

Professor Chesney zieht einen Vergleich: «Niemand kann eine Autoversicherung abschliessen, ohne ein Auto zu besitzen.» Man könne auch keine Versicherung auf das Auto des Nachbars abschliessen, weil «solche Praktiken bei Autos verboten sind. In der Finanzwelt sind sie jedoch in Form von CDS erlaubt.»

Eine andere «Finanzinnovation» gibt es in den USA als «Life Insurance, Todesfallversicherungsverträge, die zu Wetten auf den Tod mutieren.» Etwa bei Menschen, die an Krebs oder Aids erkrankt sind. Wer macht so etwas? «Einige Geschäftsbanken, die als too big to fail (zu gross) gelten, kaufen solche Verträge auf und verbriefen sie, um sie Investoren anzubieten.» So Professor Chesney. Das ist, Pardon, zum Kotzen.

Ein anderes Thema. Ausländische Holdinggesellschaften versteuern bei uns Gewinne zum Armentarif. Das wird international wie beim Bankgeheimnis nicht mehr goutiert. Diese Woche hat Bundesrätin Eveline Widmer-Schlumpf eine Revisionsvorlage präsentiert. Die Korrektur kostet über zwei Milliarden Steuerausfall. Schweizer Firmen, die bisher mehr zahlten als ausländische, werden entlastet. Erstaunlich, wie der Bund zu Einnahmen kommen könnte. Die Gewerkschaftszeitung *Work* zitiert Chesney: «Eine Mikrosteuer auf sämtlichen elektronischen Zahlungen. Im Jahr 2012 erreichten sie in der Schweiz die Summe von 100 000 Milliarden Franken. Mit einer Ministeuer von 0,2 Prozent würden 200 Milliarden in die öffentlichen Kassen gespült.» Nur ein Hundertstel davon würde den Ausfall kompensieren.

100 000 (Börsen-)Milliarden übersteigen mein Vorstellungsvermögen. Unsere Bankenlobby im Bundeshaus wird den rabiaten Professor Chesney boykottieren. Obschon seine Kopie mafioser Finanzmachenschaften die Classe politique alarmieren müsste.

(Basler Zeitung, 27. 9. 2014)

Vertrauen ist das beste Humankapital

Daniel Goeudevert, ein Belgier, war Chef der deutschen Ford-Werke, dann Mitglied der VW-Konzernleitung. Mit 52 stieg er aus. Der Weg zurück in den normalen Alltag sei mühsam gewesen. Man lebe oben in der Chefetage halt doch sehr abgehoben, zog er Bilanz.

Alexander Krauer gastierte als Konzernchef von Ciba-Geigy etwa mal bei den Delegierten des Basler Gewerkschaftsbundes und diskutierte mit ihnen. Diese Nähe schaffte Verständnis und Vertrauen zueinander. Die dem gewerkschaftlichen Fussvolk imponiert hat.

Im *Tages-Anzeiger* vom 24.11.2014 steht der Titel: «Das einstige Vertrauen in die Wirtschaft ist dahin». Der Präsident von Economiesuisse, Heinz Karrer, geht in sich: «Ohne echte Dialogbereitschaft und Kommunikation fehlt die Grundlage dafür, dass die Wirtschaft die Öffentlichkeit gewinnen kann.» Der Chef des wichtigsten Wirtschaftsverbandes gibt zu, das Verhältnis zwischen Wirtschaft und Volk müsste besser sein. Spitzenmanager meinen gerne, es fehlt eigentlich nur an der Kommunikation. Dabei stehen Medienprofis wie noch nie im Einsatz. Es kommt nicht darauf an, wie, sondern was kommuniziert wird. Das Gerede, man habe Verständnis für die Anliegen der Leute, geht an denen vorbei. Schmeckt wie abgestandenes Mineralwasser ohne Kohlensäure.

Einer, der nicht einfach redete, sondern auch etwas sagte, war der kürzlich verstorbene Bankier Nikolaus Senn. Zuletzt Verwaltungsratspräsident der Schweizerischen Bankgesellschaft (SBG), damals die grösste Bank im Land. Im April 1993 fand die Generalversammlung im Zürcher Hallenstadion vor etwa 7000 Aktionären statt. Der bekannte Privatbanker Martin Ebner kritisierte, die

SGB mache zu wenig Gewinn. Nur sechs, sieben, statt 15 und mehr Prozent. Nikolaus Senn konterte souverän: «Selbstverständlich wollen wir Gewinn machen, darüber brauchen wir nicht zu streiten. Aber Gewinn allein ist nicht alles. Wir haben als Grossbank überdies eine Verantwortung gegenüber der Gesellschaft, gegenüber dem Staat und unserem Personal.»

Solche Worte habe ich seither aus dieser Ecke nicht mehr gehört. Im Kasino-Finanzkapitalismus ist Allgemeinwohl ein Fremdwort geworden. Was zählt, sind Gewinn und Millionenboni für das Management. Konzernbosse und andere Wirtschaftsführer glänzen eher mit dem Talent, die Öffentlichkeit zu provozieren, statt sie für sich zu gewinnen. Das hat Rolf Dörig im *Blick* vom 22.11.2014 wieder mal bewiesen. Er ist Verwaltungsratspräsident des grössten Versicherungskonzerns Swiss Life. Was weiss er «uns» zu sagen: «Wir sind bequem und genügsam geworden. Eine Art Wohlstandslethargie.» Nach dem Duden wird Lethargie als «Schlafsucht und Trägheit» definiert. Solche Phrasen sind beides, hilflos und arrogant. Wie wäre es, wenn Dörig gesagt hätte: «Wir im Cockpit der Unternehmen sind auf unsere Mitarbeitenden und auf die Gesellschaft angewiesen. Wir schaffens nur gemeinsam.» Denn Realität ist, was die Privatbank Julius Bär & Co AG 1976 zynisch inseriert hat: «Es gibt keine vermögende Schicht ohne arbeitende Bevölkerung.»

«Ein attraktiver Arbeitgeber ist der Ort, wo man denen vertraut, für die man arbeitet» (*Roche-Personalzeitung*, 2014/5). So ist es. Dieses Vertrauen jedoch fällt nicht etwa vom Weihnachtshimmel und ist nicht gratis. Es baut sich auf, wenn jene, deren Existenz lohnabhängig ist, respektiert, geschätzt und in jeder Hinsicht anständig behandelt werden.

(Basler Zeitung, 29.11.2014)

Nie genug!

Die UBS offeriert ein himmlisches Weihnachtsangebot: Mit einem Inserat in der «Handelszeitung» vom 4. Dezember 2014: «Frische Strategien mit bis zu 14,50% Rendite.» Mit «einer Palette von Optimierungsprodukten». Das sind spekulative Wertpapiere mit hohen Gewinnchancen.

Solch riskante Geschäfte kennen wir doch aus der Finanzkrise 2008. Die UBS wäre dabei in Konkurs gegangen, hätten Bund und Nationalbank sie nicht gerettet. Oskar Lafontaine war mal deutscher Finanzminister. Die Deutsche Bank, kritisiert er, mache nur etwa vier Prozent ihrer Geschäfte mit der Wirtschaft. «Der Rest ist Kasino.» Also gehts weiter wie gehabt.

Die Europäische Zentralbank ist zuständig für die 19 EU-Staaten mit dem Euro als Währung. Sie hat den Zins auf null gesenkt. Die Banken bekommen billiges Geld wie noch nie. Das aber kaum in die Wirtschaft zu Unternehmen geht, die investieren. Sondern ins Spielkasino. In der Schweiz haben wir auf Sparguthaben einen Zins von unter einem Prozent. Der Börsenkurs dagegen hat in den letzten drei Jahren 50 bis 100 Prozent zugelegt. Davon spüren die meisten nichts. Die «Frankfurter Rundschau» vom 4. 12. 2014 dazu: «Diese Geldpolitik nutzt den Reichen. Denn erstens profitieren vom Wertschriftenboom jene, die Vermögen haben. Zweitens: Die niedrigen Zinsen machen sichere Sparguthaben unrentabel.»

Man kann dem Klassenkampf von oben sagen. Die zahlenmässig kleine Oberschicht kassiert, das Fussvolk unten und in der Mitte schaut in den Mond. Es ist leider keine Übertreibung: Die Superreichen werden immer noch reicher. Die Schweiz macht da keine Ausnahme. Weniger als ein Prozent besitzt die Hälfte der Vermögen. Besitzt gleich viel wie 99 Prozent. Das ist erst noch nicht alles. Kantone pflegen einen Steuerwettbewerb nach unten. Bei dem vor allem die oben weniger zahlen müssen. Gewisse Kantone haben für die armen Reichen Steueroasen mit Discounttarif angelegt. Robert Heuberger ist in Winterthur als Immobilienkönig bekannt. Er ist fast schon ein Exot: «Wer viel Steuern bezahlt, hat auch viel verdient. Ich zahle gerne Steuern.» Das hört man in diesen Kreisen kaum mehr.

Gelegentlich werden wir über die Erbschaftssteuer-Initiative der SP abstimmen. Bereits fliessen Krokodilstränen. Weil bei der Annahme des Volksbegehrens wahrscheinlich bittere Armut ausbrechen wird. Hans Kissling, früher Kantonsstatistiker von Zürich, kontert mit Zahlen. 178 000 Personen haben 980 Milliarden Franken Vermögen. 95 000 davon höchstens «nur» je zwei Millionen. Die wären steuerfrei. Bleiben 83 000 mit etwa 800 Milliarden. Deren Erben kämen an die Kasse. Das Geld ginge an die AHV. Kaspar Villiger will nicht mehr hören, was er als Bundesrat für richtig hielt: eine Erbschaftssteuer.

UBS und CS (Credit Suisse) dürfen als Grossbanken nicht pleitegehen. Sie sind «too big to fail», zu gross, um unterzugehen. Der volkswirtschaftliche Schaden wäre verheerend. Deshalb mussten sie ihr Eigenkapital aufstocken. Um im Notfall nicht Staatshilfe zu beanspruchen. So weit, so gut. Eben nicht.

Marc Chesney, Professor für Finanzwissenschaft an der Universität Zürich, hat 2014 einen Finanzkrimi herausgegeben. Mit Machenschaften von Grossbanken, die naive Gemüter in Depression stürzen könnten. Da werden Derivate, laut Duden «Finanzprodukte», als Wetten verkauft. Wetten auf den Konkurs eines Staates, einer Firma oder auf den Tod einer bekannten Person. Je früher Konkurs oder Tod eintreten, desto grösser wird der Gewinn.

Marc Chesney nimmt das «Ausserbilanzgeschäft» unter die Lupe. Dem Namen nach ist das kein normales Geschäft. Eher eine Art Schwarzhandel: «Addiert man die bilanzierten und die ausserbilanzierten Aktivitäten, betragen sie für CS und UBS zusammen 70 Mal das BIP der Schweiz» (Bruttoinlandprodukt, 2013 600 Milliarden Franken). Bei der normalen Bilanz ist es nur etwa zweimal das BIP. Nicht das 70-Fache.

Die UBS-Rendite von 14,5 Prozent ist nur mit spekulativen Geschäften möglich. Nicht mit seriösen. Dafür kassieren sie oben immer mehr, während andere kaum noch Zins beim Ersparten bekommen. Da erinnere ich mich an ein Inserat der Privatbank Julius Bär & Co. AG in der «Bilanz». Ausgabe 10/1978: «Es gibt keine vermögende Schicht ohne arbeitende Bevölkerung.» Das gilt mehr denn je.

(Schweizer Illustrierte, 15. 12. 2014)

Kaufen – nicht kaufen?

Ich blättere in einem Katalog. Beim Alpakapullover aus den Anden in Bolivien werde ich hellwach. «Handgefertigt, weich wie Seide, strapazierfest wie Baumwolle und ähnlich warm wie Kaschmir», lese ich. Meine Gret ergänzt, Alpakawolle sei einfach spitze. Der Pullover kostet entsprechend. Mit meinen drei Winterpullovern besteht an sich kein Bedarf. Wobei Alpaka-Qualität schon etwas Besonderes wäre. Die Vernunft legt dessen ungeachtet ihr Veto ein.

Mich erinnert die Story an den Kleiderverkäufer Boschetti. Er hat vom lieben Gott den Charme des unwiderstehlichen Verführers mitbekommen. Wer im Soussol einkaufen wollte, durchquerte seine Abteilung. Wieder einmal hatte er mir seine allerneuste Kollektion aus Mailand angeboten. Wie immer modisch elegant und unschlagbar günstig. Nicht zuzulangen, hiess, eine einmalige Gelegenheit verpasst zu haben. Mir gelang es gleichwohl, standhaft zu bleiben: «Herr Boschetti, ich brauche nichts.» Er antwortete: «Was heisst, ich brauche nichts? Wenn ich nur noch verkaufe, was die Herren brauchen, muss ich meinen Laden schliessen.»

Da hat der Meister ins Schwarze der Marktwirtschaft getroffen. Denn die funktioniert nach der Mengenlehre des maximalen Konsums, ob die gekaufte Ware gebraucht wird oder nicht. Es gilt die Devise: immer mehr und noch mehr. Vom Dorfladen bis zum Multikonzern will der Chef in der Jahresbilanz nur das eine herauslesen: mehr Umsatz als im Vorjahr.

Die freie Marktwirtschaft ist das Prunkstück des Kapitalismus. Sie ist unglaublich produktiv, innovativ und konkurrenzlos leistungsfähig. Zugleich hat sie etwas Ruinöses. Unaufhörliches Wachstum erzeugt Überfluss und Verschwendung. Bekanntlich landet in reichen Ländern fast die Hälfte der Lebensmittel im Abfall. Produkte aus Billiglohnländern überschwemmen den Weltmarkt und führen zu Überkonsum. Diese Nebenwirkungen des Wachstumswahns gehören zum System. Nur gleich viel Umsatz wie im Vorjahr bedeutet Stagnation. Stagnation ist Stillstand. Den erträgt die Marktwirtschaft schlecht. Stillstand ist fast schon Krise.

China zum Beispiel. Es hat nicht die freie, sondern eine staatskapitalistisch organisierte Marktwirtschaft als Kopie des westlichen Modells. Seit zwei Jahrzehnten mit einem geradezu sensationellen Wachstum. Das Peking zeitweise in einen Smog einhüllt, der den Leuten den Atem verschlägt. Den Preis dieses Wachstums zahlen Umwelt und Natur. Langsam wächst bei der Regierung die Einsicht, dass es in einer kaputten Umwelt keine blühende Wirtschaft geben kann.

Bekanntlich gibt es keine dummen Fragen, nur unbequeme Antworten. Also frage ich: Ist unbegrenztes Wirtschaftswachstum für weitere Jahrzehnte sinnvoll? Ist es noch zu verantworten? Hält das Mutter Erde aus? Wachstum ist Raubbau an Rohstoffen, ist Raubbau an Umwelt, Natur und Klima. Das sieht Avenir Suisse als Denklabor der Wissenschaft offenbar anders.

Als Linker bin ich gelegentlich über aufmüpfige Ideen dieses Denklabors verblüfft. Sie verraten relative Unabhängigkeit vom Auftraggeber. Unbequemes muss sein, sonst macht ein Think-Tank keinen Sinn. Zum Wirtschaftswachstum hingegen verkündet Gerhard Schwarz als Direktor von Avenir Suisse die übliche Jubelarie: «Ohne Wachstum ist es kaum möglich, die Renten zu sichern.» Dann schweift er ab und beklagt den «heute gering geschätzten Wohlstand». Um zur Schwarzmalerei überzugehen: «Besonders explosiv wird das Gemisch, wenn sich Wohlstandsverwöhnung in ausgeprägter Wachstumsmüdigkeit, ja Wachstumskritik äussert – das könnte das Erfolgsmodell Schweiz in seinen Grundfesten erschüttern» (*Schweiz am Sonntag*, 28.12.2014). Kritik soll gefährlich für das Erfolgsmodell Schweiz sein? Diese Behauptung hätte Gerhard Schwarz gescheiter unterlassen. Demokratie braucht Kritik wie der Fisch das Wasser.

Meine Schreibe über Wachstumsschäden lässt mir beim Alpakapullover keine Wahl mehr. Ich muss auf das Wachstum in meinem Kleiderschrank verzichten. Man soll ja im Kleinen mit gutem Beispiel vorangehen. Auch wenn das in dieser globalisierten Wirtschaftswachstumswelt nichts bewirkt. Persönliche Einsicht kann nie schaden. Allerdings ist damit mein Alpakaproblem nicht gelöst. Bleibt es beim Verzicht? So ganz sicher bin ich mir nicht. Man(n) ist ja so gerne unvernünftig.

(Schweizer Illustrierte, 12.1.2015)

Wie viel halten Land und Volk aus?

Thomas Jordan hat als Präsident der Nationalbank den Mindesteurokurs von Franken 1.20 im Sologang aufgehoben. Mit der Begründung, die Nationalbank sei unabhängig, ergo entscheide er
auch unabhängig. Als ob das die Landesregierung nichts anginge.
Da wird Wirtschaftspolitik ohne die Politik gemacht. Dafür darf
sie jetzt den angerichteten Schaden ausfressen.

1973 brach weltweit die sogenannte Ölkrise aus. Schon damals
machte der harte Franken der Exportwirtschaft schwer zu schaffen. Präsident der Nationalbank war Fritz Leutwiler. Vom ver-
storbenen Bundesrat Willi Ritschard weiss ich, dass Leutwiler an
Sitzungen des Bundesrats teilgenommen und ihn konsultiert hatte.
Ohne dabei seine Unabhängigkeit einzubüssen. Wer souverän ist,
scheut den Dialog mit anderen nicht. Jordan dagegen liess den
Bundesrat im Ungewissen.

Mit dem Aus für den Mindesteurokurs ist das Wirtschaftsklima
frostig geworden. Stefan Barmettler stellt als Chefredaktor der
Handelszeitung fest: «Noch nie hat eine Behörde in so kurzer Zeit
so viel volkswirtschaftlichen Flurschaden angerichtet.» Für den
Tages-Anzeiger «steht und fällt mit Jordan die halbe Schweiz».
Die *Neue Zürcher Zeitung* vom Mittwoch dieser Woche zieht Bilanz: «Standort Schweiz im Sinkflug». Ex-Preisüberwacher Rudolf
Strahm wirft Jordan vor, «eine Volkswirtschaft in die Rezession
geschickt zu haben». Heiner Flassbeck war bis vor Kurzem Chefökonom der UNO. In der Gewerkschaftszeitung *Work* deponiert
er: «Die Nationalbank hätte den Frankenkurs bis zum Sankt-
Nimmerleins-Tag halten können.»

Von den grossen Namen bekommt Jordan nur von Christoph
Blocher, Ex-UBS-Chef Oswald Grübel oder vom SVP-nahen

Professor Martin Janssen Beifall. Sonst hagelts von links bis rechts Kritik.

Neben der Frankenkrise belastet uns noch die EU-Hängepartie. Der Bundesrat hat diese Woche sein Verhandlungsmandat mit der EU dargelegt. Nach dem Ja vom 9. Februar 2014 zur SVP-Initiative gegen die Masseneinwanderung sollte er der EU anstelle der Personenfreizügigkeit die Kontingentierung «verkaufen». Seit zwölf Monaten hören wir aus Brüssel nur eines: «Nicht verhandelbar». Ob es gelingen wird, den 28 EU-Staaten die Schweizer Extrawurst schmackhaft zu machen, ist sehr ungewiss. Es müssten alle zustimmen. In der EU gilt Einstimmigkeit. Einfach wird diese Verhandlungsmission nicht.

Für Christoph Blocher aber «hat der Bundesrat schon kapituliert» (BaZ, 12.2.2015). Der Bundesrat soll statt verhandeln, die Kontingentierung der Zuwanderung am 1. Juli einfach in Kraft setzen. Punkt! Passt das der EU nicht, soll das Freizügigkeitsabkommen samt dem bilateralen Weg gekündigt werden. «Brauchen wir nicht.» Ende der Durchsage.

Diese Crash-Strategie löst vom Wirtschaftsverband Economiesuisse bis zum Gewerkschaftsbund, von der SP bis weit in die rechte Mitte hinein verständnisloses Kopfschütteln aus. Jetzt auch noch den Bruch mit der EU? Streit mit dem wichtigsten Handelspartner? Da rätselt man, ob mit dem SVP-Vordenker die Alleingangideologie gegen wirtschaftspolitische Realität durchgebrannt sei?

Es ist schlicht nicht zu verstehen, weshalb eine solche Rosskur riskiert werden soll. Alt SP-Präsident Peter Bodenmann juckt es ziemlich: «Wäre die Linke etwas beweglicher, würde sie jetzt diese SVP vor sich hertreiben» (*Schweiz am Sonntag*, 8.2.2015).

(Basler Zeitung, 14.2.2015)

Brandstifter sagen, die Lage ist ernst

Das Wirtschaftsklima hat sich verschlechtert. Das also hat die Nationalbank mit ihrem Entscheid erreicht. Die Aufhebung des Euromindestkurses von Fr. 1.20 ist auch für UBS-Chef Sergio Ermotti schmerzlich: «Die geldpolitischen Massnahmen erschüttern derzeit die Schweizer Wirtschaft. Sämtliche Wirschaftsprognosen werden massiv nach unten korrigiert» (*Tages-Anzeiger*, 18. 2. 15). Ausländische Touristen und Kunden zahlen seit dem 15. Januar einfach 15 bis 20 Prozent mehr.

Peter Spuhler spürt für sein Unternehmen Stadler Rail die Folgen. Das Exportgeschäft ist schlagartig schwieriger geworden. In Bussnang werden etwa 3000 Leute beschäftigt. Spuhler hat mit der Unia-Gewerkschaft ausgehandelt, die Arbeitszeit von bisher 42 auf 45 Stunden zu erhöhen. Das ohne Lohnerhöhung. Es geht um die Absicherung der Arbeitsplätze. Gemäss der Devise: «Vogel friss oder stirb», bleibt den Arbeitnehmern meistens nichts anderes übrig.

Bei der GF, der Georg Fischer AG in Schaffhausen, gilt neu die 44-Stunden-Woche. Vier Stunden mehr als bisher. Die längeren Arbeitszeiten sind eine Schadensbegrenzung für den harten Franken. Sollen mithelfen, besser über die Runden zu kommen.

Diese Woche ist der Autosalon in Genf eröffnet worden. Rolf Ganter, bei der UBS Analyst für die Autobranche, schildert die Stimmung: «Wenn man sich Sorgen macht um den Job, überlegt man es sich zweimal, ob man sich ein neues Auto anschafft.» UBS-Boss Sergio Ermotti sagt sich, unsichere Zeiten seien dennoch gute Zeiten. Wenn die Schweiz ihren Wohlstand bewahren wolle, müsse der Bundesrat Reformen durchführen. Er sagt nicht, was er meint: Mehr Marktmacht und weniger Staat. Das Stichwort dafür heisst Deregulieren. «Wirtschaftsfreundliche» Massnahmen, so Ermotti. Wie soll er es nicht gut meinen mit der Wirtschaft? Wohlstand gibts nur, wenn sie floriert.

Ermotti möchte weniger «Regulierung» für seine Grossbank. Nachdem sie 2008 vom Staat gerettet wurde, musste die UBS Auflagen schlucken. Zum Beispiel mehr Eigenkapital anzuhäufen. Um bei der nächsten Krise nicht wieder zu kollabieren. Für Banker ist mehr Eigenkapital totes Kapital. Da würden sie gerne zurückderegulieren. Auch Löhne sind zum Leidwesen vieler reguliert. Was als schaurige Bürokratie ausgelegt wird. Professor Silvio Borner und Co. hätten das gerne anders. Polen sollten in der Schweiz zu polnischen Löhnen arbeiten, so der vom Staat gut entlöhnte Professor. Polnische Löhne liegen zwei Drittel tiefer als bei uns. Solche Dumpinglöhne fehlten gerade noch. Sie wurden (weg-) reguliert. Solche Bürokratie lassen wir uns gerne gefallen.

Bürokratie und Regulierung sind nicht einfach Schikane. Unerträglich ist bürokratische Unvernunft, nicht Regulierung an sich. Für Umwelt- und Klimaschutzmassnahmen braucht es sie. Freiwillig ist da nichts zu erreichen. Das ist so auch bei anderen Anliegen. Ich denke an Regelungen im Verkehr, für Steuern, Bau- und Raumplanung oder Zivil- und Strafrecht. Und viele mehr. Ohne «Regulierung» hätten wir die Willkür wie im Wilden Westen.

Was uns die Nationalbank eingebrockt hat, ist hartes Brot. Unternehmer und ihre Belegschaften müssen da durch. Eine andere Wahl haben sie nicht. Die an sich schon Stärkeren dürfen jetzt nicht nur für sich schauen. Um wie ein Brandstifter, der das Pulverfass angezündet hat, zu jammern: «Die Lage ist ernst.»

(Basler Zeitung, 7. 3. 2015)

Zuerst Geschenke, nun die Rechnung

Auch Staaten werden von der Vergangenheit eingeholt. Beispiel Bankgeheimnis. Es glänzte jahrzehntelang als Juwel auf dem Finanzplatz: «Das Bankgeheimnis ist Teil unserer Demokratie», hatte Swiss Banking – Schweizerische Bankiervereinigung, noch 2003 inseriert. Als die halbe Welt dagegen Sturm lief, liess das Bundesrat und politische Rechte kalt. Das Bankgeheimnis sei nicht verhandelbar, dröhnte es aus dem Bundeshaus. Schliesslich sei die Schweiz ein unabhängiges Land, das selber entscheidet, was es tut oder lässt. Erst als Washington gedroht hatte, dann gebe es für die UBS und Credit Suisse Geschäftsverbot, kühlten sich die Hitzköpfe ab. So unabhängig wollten sie dann doch nicht auf die Geschäfte beim wichtigsten Finanzplatz verzichten.

Demnächst wird die nächste weisse Fahne gehisst. Diesmal droht die OECD, die Organisation für wirtschaftliche Entwicklung und Zusammenarbeit. Ihr gehören die 34 bedeutendsten Industrieländer an. Die Schweiz müsse das Holdingprivileg aufgeben. Wenn nicht, komme sie auf die schwarze Liste. So hats mit dem Bankgeheimnis angefangen.

Um was geht es denn? Das von der OECD kritisierte Holdingprivileg ist ein Steuerprivileg. Für ausländische Firmen, deren Gewinne zum Armentarif versteuert werden. Notabene Millionen und Milliarden, die sie im Ausland erwirtschaften. Weil ihnen die Schweiz so kulant entgegenkommt, haben hier mehr ausländische Firmen ihren Hauptsitz als sonst wo in Europa. Schweizer Firmen zahlen für hier erzielte Gewinne viel mehr Steuern. Nun hat die OECD den Bundesrat vor das Ultimatum gestellt: Schweizerische und ausländische Unternehmen zahlen gleich viel oder gleich wenig Steuern. Der Bundesrat hat sich für gleich wenig entschieden.

Andernfalls gäbe es wohl einen allgemeinen Abschied aus der Schweiz, dem möchte der Bundesrat vorbeugen. Mit der Unternehmenssteuerreform III. Die Champagnerkorken werden, wenns so weit ist, klöpfen.

Schweizer Firmen werden Richtung ausländisches Steuerniveau heruntergeholt. Für Bund und Kantone entstehen Milliardenausfälle. Die der Bundesrat mit einer Kapitalgewinnsteuer zum Teil kompensieren wollte. Alle bürgerlichen Parteien liefen dagegen Sturm. Die Finanzministerin gab nach. Nun sollen wir mit den Arbeitseinkommen einspringen. Das hatten wir schon einmal. Mit der Unternehmenssteuerreform II. Ein skandalöser Volksbetrug.

Da war mal ein Appenzeller namens Hans-Rudolf Merz, von Beruf Finanzminister. Sein Hobby: Märchen erzählen. So hatte er dem Stimmvolk den Bären aufgebunden, wir stimmten über Steuererleichterungen für Klein- und Mittelunternehmen ab. Wörtlich für Floristen, Dorfmetzger, Garagisten. Da wir Linke dem Rechten aus Herisau grundsätzlich misstrauten, lehnten wir die Vorlage ab. Angenommen wurde sie hauchdünn. Wäre der Schwindel durchschaut worden, die Mehrheit hätte sie bachab geschickt. Entlastet werden Dividendenmillionäre. Im günstigsten Fall sind sie steuerfrei geworden.

Zurück zum Holdingprivileg. Ausländische Firmen werden etwas mehr, schweizerische weniger Steuern bezahlen. Am meisten profitieren Konzerne. Dem «gewöhnlichen» Volk werden nie solche Geschenke gemacht. Nicht einmal in der weltbesten Demokratie. Da läuft etwas schief.

(Basler Zeitung, 2. 5. 2015)

Von gesellschaftlicher Entwicklung

«So kann es doch nicht weitergehen.
Die Schweiz kommt uns noch abhanden.»

Die schönste Nebensache

Wenn das Grossvater noch hätte erleben können. Dem Schwingerfan fiel zum Fussball nichts Vernünftiges ein. «Lölizügs», lästerte er, «nur ein Ball für 22 Spieler.»

Diese Woche wird die Fussball-WM angepfiffen. In Südafrika. Zum ersten Mal auf dem Schwarzen Kontinent. Der Walliser Sepp Blatter hat sich als Fifa-Präsident (Welt-Fussballverband) mit taktischem Gespür dafür engagiert und durchgesetzt. Gegen viele Vorurteile. Vor allem gegen das eine: Die Schwarzen seien doch nicht imstande, so etwas zu organisieren. Das erinnert an einen Schriftsteller, der auf die Frage, ob er auch grössere Sachen schreibe, meinte: «Nein, nur grosse.»

Man mag es beklagen, Fussball ist verkommerzialisiert, ist ein Milliardenspiel. Die Fifa funktioniert wie eine Geldmaschine. Dessen ungeachtet bleibe ich stur. Und übersehe bewusst alle Wenn und Aber, Einwände und Vorwürfe. Ich lasse mir den Fussball nicht vermiesen. Er fasziniert mich immer noch. Die Bildschirmpräsenz ist auf maximal programmiert. Termine sind verschoben worden. Fussballfeindlicher Besuch bleibt unerwünscht. Das Motto für die nächsten vier Wochen heisst: «Bitte nicht stören!»

Das hatte sich auch die Zürcher Stadtregierung vorgenommen. Nur umgekehrt. Wirte von Gartenrestaurants wurden an einen alten Erlass erinnert. Danach dürfen Fussballmatchs zwar übertragen werden, aber nur ohne Ton. Damit sollte die nähere Umgebung vor unnötigem Lärm verschont bleiben. Da ging etwas vergessen. Politik ist keine Einrichtung der moralischen Aufrüstung.

Nun ging der politische Lärm erst recht los. Das empörte Fuss(ball)volk appellierte an den Ungehorsam. Das Tonverbot, behaupte ich nun mal, wäre souverän missachtet worden. Zuschauer sind keine Fische im Aquarium. Fussball ohne «Lärm» wäre grausam trostlos.

Die Zürcher Stadtregierung hat auf den Druck der Strasse reagiert. Das ist auch eine Qualität. Im Allgemeinen nämlich haben Politiker Mühe, einen Fehler zuzugeben. Das verdient Respekt. Mehr nicht. Als ich von der komischen Anordnung hörte, dachte ich, sind sie in Zürich nun total bescheuert? Und hoffte, so viel Unverstand müsste polizeilich verboten werden.

Liebe geht bekanntlich durch den Magen. Fussball nicht. Für die Zuschauer ist er eine Berg-und-Tal-Fahrt der Gefühle. Der Ton kann abgestellt werden. Gefühle halt nicht. Das hat man nun eingesehen. Zürich bleibt für mich gleichwohl eine Wundertüte. Mal Weltstadt, mal Seldwyla. Ich hatte mir eigentlich schon die nächste amtliche Anordnung ausgedacht: «Rufen Sie nachts nicht um Hilfe. Sie könnten sonst die Nachbarn wecken.»

Afrikaner sind unglaublich begabte Ballvirtuosen. Afrika hingegen ist das globale Armenhaus. Wir verdrängen, was mir Jean Ziegler erzählt hat. Er war als Uno-Botschafter für Ernährung gerade aus Dakar, der Hauptstadt von Senegal, zurückgekehrt. Jean hatte dort den Gemüse- und Obstmarkt besucht. Die Marktfrauen verkauften fast ausschliesslich Ware aus Amerika und Europa. Warum das? Weil sie billiger ist als einheimisches Gemüse und Obst. Das nun ist wirklich der helle Wahnsinn.

Die USA und die EU-Länder schicken ihre Agrarüberschüsse nach Afrika. Zu Dumpingpreisen. Was heisst das? Sie werden mit Exportsubventionen verbilligt. Und unterbieten so die afrikanischen Bauern. Die schuften zwar zu einem Hungerlöhnchen, sind aber dennoch nicht konkurrenzfähig. So wird die einheimische Landwirtschaft kaputt gemacht. Von denen, die mit humanitärem Getue vorgeben, Afrika müsse geholfen werden.

Ein Professor aus Kenia bringt das Elend auf den Punkt: «Ob ihr es glaubt oder nicht, wir hatten uns mal selber ernähren können. Bevor Afrika kolonialisiert war. Lasst uns doch in Ruhe und gebt uns einfach faire Chancen. Dann schaffen wir es.»

Die Fussball-WM bedeutet für Afrika viel. Asfa-Wossen Asserate, ein äthiopischer Prinz, erklärt das: «Die Meisterschaft ist Balsam auf unsere geschundene Seele. Es ist das allererste Mal, dass unser Kontinent mit etwas Positivem assoziiert wird. Ich habe immer gebetet, dass die Fussball-WM dort stattfindet. Sie ist für uns etwas Grossartiges. Bislang beschrieb die Welt Afrika stets mit drei K: Katastrophen, Kriege, Korruption. Wir haben 2006 in Deutschland gesehen, wie eine WM ein ganzes Land verändern kann. Warum nicht auch einen Kontinent?»

Viel Glück, Afrika! Mit der schönsten Nebensache der Welt.

(Schweizer Illustrierte, 7. 6. 2010)

Wundertüte Schweiz

Bei uns zu Hause gibts kein Rauchverbot. Das sieht man der Wohnung auch an. Wände und Decke haben teilweise eine gelbbraune Patina angesetzt. Frische Farbe täte ihnen gut. Dachten wir und telefonierten dem Maler. Der ist eine Frau. Conny, ihr Name. Am besten wäre, redete sie uns zu, wir verschwänden für eine Woche. Dabei sollten wir alles so lassen, wie es ist. Sie müsse Schränke und Gestelle sowieso verschieben. Vorher räume sie Geschirr und Sonstiges aus und wieder ein, hänge Bilder ab und auf. Wenn wir heimkämen, würden wir die Wohnung antreffen wie gehabt. Nur anders. Wie eine Frau nach der Schönheitspflege.

Conny schickte Gret und mich in der dritten Septemberwoche also auf die Reise. Damit sie in aller Ruhe arbeiten konnte. Und wir ihr nicht dreinreden oder im Weg stehen. Für unsere Ferieninsel Bornholm wäre der September etwas spät gewesen. Dort ist es im Juli/August am schönsten. Viel Sonne und kühle Nächte. Der Strand auf Bornholm ist lange nicht überall so perfekt gereinigt, wie wir es gerne hätten. Ein alter Mann erklärte mir, weshalb: «Sie sind zwei, drei Wochen in den Ferien, die Möwen aber sind das ganze Jahr hier. Sie brauchen den Meertang. Und der ist halt nicht parfümiert.»

Ich habe den Insulaner nie vergessen. Der Verzicht auf Bornholm ist kein Problem. Wir leben ja im Ferienland Schweiz. Statt auf Mallorca landen wir in Lugano. Seit Jahren wieder einmal. Vieles hat sich verändert. Aber das Café Vanini an der Piazza ist noch da. Wie vor 50 Jahren. Die Marrons glacés sind spitze geblieben. Und der Espresso schmeckt wie in Florenz. 3.50 dafür sind für einen Basler fast schon billig.

Ich kann im «Vanini» stundenlang sitzen. Gret nicht. Sie geht auf den Einkaufsbummel. Zu kaufen, was man eigentlich gar nicht bräuchte, ist halt eine vergnügliche Sucht. Schauen Sie nur in Ihren Kleiderschrank. «Eine Stadt soll mir das bieten. Gemütlich bin ich selber.» Nicht von mir. Von Friedrich Dürrenmatt.

Die Katze lässt bekanntlich das Mausen nicht. Ein alter Polithase das Beobachten der Menschen nicht. Dafür bietet das «Vanini» an der Piazza den idealen Logenplatz. Die Hochsaison ist im September in Lugano vorbei. Aber es ist viel los.

Was also beobachte ich? Die Grauen Panther sind unterwegs. Über die Piazza schlendern noch und noch Senioren. Sie dominieren das Strassenbild. Mich dünkt, gut die Hälfte der Touristen seien ältere Frauen und Männer. Sie füllen das Zwischensaisonloch auf. Senioren sind für den Tourismus eine nicht mehr wegzudenkende Konjunkturstütze. Dank der Altersvorsorge. Ein Hoch auf den Sozialstaat.

Am zweiten Abend gehen wir vornehm essen. Dafür sprechen die Preise: Piccata milanese 41, Wiener Schnitzel mit Frites 37 Franken. Die angenehme Überraschung ist das Danach. Ein Glas Rotwein, zwei Espressi, ein halber Liter San Pellegrino, das Dessert kosten nur mehr je fünf Franken. Der Wirt erklärt seine Philosophie: «Ich subventioniere mit den Getränken nicht das Essen.» Arrivederci Lugano.

Wir wechseln nach St. Moritz. Von Lugano bis Tirano mit dem roten Bus der Rhätischen Bahn. Anschliessend 122 Kilometer im Bernina Express. Er ist als Unesco-Welterbe ausgezeichnet worden. Die Bahn fährt durch 122 Tunnels und über 196 Brücken. Wer die Strecke kennt, weiss, da ist kein Superlativ übertrieben. Es bleibt das ganz grosse Staunen. Darüber, wie ein solches Meisterwerk vor über 100 Jahren gebaut werden konnte.

Den Bernina Express muss man persönlich erleben. Ich will und kann das Vergnügen nicht beschreiben. Neben uns sitzen zwei

Russinnen. Sie sind einfach hingerissen. Und werden noch in Moskau davon schwärmen. Ihr Leben lang.

Die Fünf-Stern-Hotels ins St. Moritz haben die Fensterläden heruntergelassen. Sie werden renoviert, repariert oder saniert. Um für die Wintersaison fit zu sein. Spätestens vor Weihnachten soll der mondäne Geldadel empfangen werden. Ohne die Reichen aus der Glamourwelt ist St. Moritz für touristisches Fussvolk den Besuch wert. Wir übernachten in einem wirklich gediegenen Hotel an zentraler Lage. 150 Franken für das komfortable Doppelzimmer. Wer sagt denn, St. Moritz sei teuer? Wie erwähnt, es ist Saisonende.

Das sind Kostproben aus der Wundertüte Schweiz. Der Spruch stimmt: «Das Reisen will eines lehren, das Schönste bleibt stets heimzukehren.» In die frisch gestrichene Wohnung. Der Gipfel unserer Reise.

(Schweizer Illustrierte, 27. 9. 2010)

Egal, ob illegal?

Die Gemeinde Krauchthal in der Nähe von Bern ist ein Dorf wie hundert andere. Und doch nicht ganz. Krauchthal hat etwas Besonderes, Einmaliges. Den Thorberg, das bekannte Gefängnis. Der Gemeindepräsident meinte mal ironisch zu mir, er kenne die Zahl der Einwohner nie auf den letzten Mann genau. Oben im Thorberg wechsle es ständig.

Üblich ist natürlich, dass bei uns die Einwohnerzahlen stimmen. Die Statistik ist eine exakte Wissenschaft. Das «Statistische Jahrbuch der Schweiz», herausgegeben vom Bundesamt für Statistik, ist einen Fundgrube der Extraklasse. Sogar die Hühner werden gezählt. Möchten Sie wissen, wie viele es sind? Oder 2009 waren? Nicht etwas aufgerundete 8,2 Millionen, sondern akkurat 8 116 604 «Nutzhühner», so die Benennung. Ein Land, das seine Statistik bis auf das letzte Huhn offenlegt, ist in Sachen Genauigkeit nicht zu überbieten. Sollte man meinen. Manchmal überraschen wir uns selber.

Über weisse Flecke wird lieber nicht geredet. Und wenn, dann eben ungern. Zum Beispiel über die Sans-Papiers. Das sind Menschen, die hier illegal leben. Die kommen in keiner Statistik vor. Fragt man im Bundeshaus, wie viele es denn seien, haut es einen fast um. Keine Amtsstelle weiss genau Bescheid. Es gibt nur Schätzungen. Und was für welche. Sie liegen weit auseinander. Zwischen 50 000 bis 300 000. Das bedeutet doch, die Behörden tappen im Ungewissen. Es könnten auch mehr sein als 300 000.

So viel Ahnungslosigkeit ist schon wieder verdächtig. Diese statistische Unordnung passt so gar nicht zu der bis zum Letzten durchorganisierten Schweiz. In der neben Hühnern auch Geissen, Kälber, Kühe exakt gezählt und notiert werden. Sans-Papiers hingegen sind kein Thema. Da kommt es auf ein paar Hunderttausend mehr oder weniger nicht an. Der Hinweis, offiziell dürfte es sie gar nicht geben, überzeugt nicht. Sie leben und arbeiten hier illegal. Im helvetischen Untergrund. Auf dem illegalen Arbeitsmarkt, ohne Aufenthaltspapiere halt. Deshalb heissen sie ja Sans-Papiers. Sie haben formell Arbeitsverbot. Um nicht zu verhungern, müssen sie arbeiten. Bedarf dafür gibt es offenkundig. Meine Vermutung, rechtlose Sans-Papiers seien billige Arbeitskräfte, liegt wohl kaum daneben.

Für einen Deal, auch wenn er verboten ist, braucht es zwei. Eine, die für wenig Geld schuftet, und einer, der nicht mehr Lohn zahlt. Solche Billigjobs sind auf dem normalen Arbeitsmarkt nicht gefragt. Die Sans-Papiers füllen diese Marktlücke auf. Schlecht bezahlte Arbeit ist für sie allemal besser als gar keine. Sie arbeiten ständig mit der Angst im Genick, erwischt und ausgewiesen zu werden. Zum Dank dafür dürfen sie bleiben. Illegal halt.

Für Arbeitnehmer gibt es jede Menge Schutzbestimmungen. Sans-Papiers haben keine Rechte. Sie sind Freiwild und müssen froh sein, hier bleiben und arbeiten zu können. Das tönt nicht nur, das ist brutal. Da meldet sich das schlechte Gewissen. Deshalb wird das harte Brot dieser armen Teufel mit Zuckerguss etwas versüsst. Besser wird es deshalb nicht. Das Bundesamt für Sozialversicherungen schreibt den Krankenkassen vor, sie müssten Sans-Papiers aufnehmen. Damit sie wenigstens bei Krankheit versichert sind und behandelt werden. Die Schweiz hat die Menschenrechtskonvention schliesslich unterschrieben.

Sans-Papiers bekommen ebenso einen AHV-Ausweis. Offenbar wird damit gerechnet, dass sie auch noch als Rentner hier sind. Das zuständige Bundesamt beschwichtigt: «Der AHV-Ausweis ist kein offizielles Papier. Am illegalen Aufenthalt ändert sich nichts.»

Weder AHV noch Krankenkassen melden der Polizei, wenn sie Sans-Papiers versichern. Das hat schon fast etwas Versöhnliches.

Fassen wir zusammen. Sans-Papiers sind jene 300 000 oder noch mehr Menschen, die es offiziell überhaupt nicht gibt. Sie werden in keiner Einwohnerkontrolle oder in keinem sonst wie amtlichen Register aufgeführt. Sie dürften sich eigentlich gar nicht in der Schweiz aufhalten. Aber sie werden gebraucht. Sonst fänden sie ja keine Arbeit. Also werden sie geduldet. Wer daraus folgert, das sei illegal, liegt richtig.

Sans-Papiers sind dem Gesetz des Stärkeren ausgeliefert. Wie im Dschungel. Rechtsstaatlich ist das unhaltbar und staatspolitisch nicht zu verantworten. Die offizielle Schweiz tut, als ob illegal egal wäre.

(Schweizer Illustrierte, 22. 11. 2010)

Das Fräulein Frau

Meine Lehrerin in der ersten Primarschulklasse hiess Fräulein Huggler. Sie war etwa fünfzig und lebte allein. Eine unverheiratete Frau blieb damals ihr Leben lang ein Fräulein. Grossmutter ging ein paarmal im Jahr «in die Stadt», wie sie sagte. Nach Bern. Sie genoss im Warenhaus Loeb die Ambiance der für sie grossen Welt. Und dann das Zvieri im alkoholfreien Restaurant Gfeller am Bärenplatz beim Bundeshaus. Für Männer war das die «Wyberbeiz». Grossmutter wäre allein nie in ein anderes Lokal gegangen. Eine Frau ohne Begleitung verlor schnell den guten Ruf. Nach meiner Stationsbeamtenlehre arbeitete ich noch einige Jahre bei den SBB. Frauen gab es im Betrieb keine. Selbst am Billettschalter bedienten nur Männer. Ich war schon Nationalrat, als ich beim Coiffeur in Bern eine kleine Sensation erlebte. Zum ersten Mal hatte mir eine Frau die Haare geschnitten. In meiner Jugendzeit gab es das Konkubinatsverbot. Mann und Frau durften vor der Heirat nicht miteinander zusammenleben. Nach der damaligen Moral wäre das unsittlich gewesen. Genauso wie Sex vor der Ehe.

Das sind Momentaufnahmen aus einer frauenfeindlichen Gesellschaft, die erst ein paar Jahrzehnte zurückliegt. Kein Wunder, dass den Frauen auch die politischen Rechte verweigert worden sind. Bis zur Wende am revolutionären Sonntag vom 7. Februar 1971. Die Mehrheit der Männer sagte Ja zum Frauenstimmrecht.

In der Wintersession 1971 rückten erstmals Frauen in den Nationalrat ein. Sie brachten Farbe mit. Wir Männer hatten eine Art Uniformzwang. Im Kleiderreglement war «dunkler Strassenanzug mit Krawatte» vorgeschrieben. Die neuen Kolleginnen hingegen kleideten sich schick. In modischen Farben. Wir sahen daneben aus wie die grauen Mäuse der Nation. Das Reglement wurde revidiert. Der dunkle Strassenanzug ist durch «modische Kleidung» ersetzt worden.

Mit den Frauen begann im Bundeshaus eine andere politische Kultur. Nicht schlagartig, eher sachte, dafür nachhaltig. In der Fraktion etwa ist der Umgangston wärmer, irgendwie zivilisierter geworden. Die parlamentarische Arbeit geschieht in den Kommissionen. Da wird vorbereitet, was im Ratsplenum zu entscheiden ist. In den ersten Jahren sind den Frauen prioritäre Sachgebiete vorenthalten worden: Finanzen, Wirtschaft, Militär. Man(n) teilte ihnen Soziales, Bildung, Gesundheit zu. Dann fielen die letzten Männerbastionen. Und es ging auf einmal richtig munter zu.

Heidi Deneys aus Neuchâtel war die erste Frau in der Militärkommission. Sie brachte die Militärs oft zur Verzweiflung. Etwa, wenn sie wissen wollte, weshalb ein Panzer 9,48 Millionen Franken koste und nicht 9,5 Millionen. Für sie war das Scheingenauigkeit. Der Generalstabschef jedenfalls reagierte sichtlich irritiert. Als ob die Nationalrätin auf Chinesisch gefragt hätte. Immer wieder brachte sie ihn mit ihren «komischen» Fragen aus dem militärischen Gleichgewicht.

Lilian Uchtenhagen stieg als Erste in die wirtschaftspolitische Domäne der Herren Kollegen ein. Besonders lustvoll, wenn der Zürcher Walter Frey von der Marktwirtschaft schwärmte und die Linken verbal verprügelte. Dann kams zum Showdown. Lilian Uchtenhagen erinnerte Frey daran, dass er das Importmonopol für Toyota-Autos habe, von Wettbewerb also keine Rede sei. Dafür garantiere ihm der Staat das Preismonopol mit überhöhten Gewinnmargen. Ohne Wettbewerb jedoch gebe es auch keine Marktwirtschaft. Die Frau zerlegte die Politmalerei des Toyota-Manns sachlich und fundiert als Fälschung.

Die AHV ist 1948 männerlastig konzipiert worden. Nach dem alten Familienmodell mit dem Mannsbild als Oberhaupt. Das wurde mit der 10. Revision anders. Den Nationalrätinnen Lili Nabholz, FDP, und Gret Haller, SP, gelang ein mehrheitsfähiger Wurf. Mit dem Weitblick über den parteipolitischen Tellerrand hinaus. Erst diese 10. AHV-Revision brachte den Frauen die Gleichstellung. Heute sind solche Kompromisse kaum mehr machbar. Judith Stamm wurde 1997 zur Nationalratspräsidentin gewählt. Sie setzte ein kleines, aber Oho-Zeichen. An der Türe des Präsidentenzimmers hing das Messingschild: «Präsident». Judith Stamm korrigierte: «Präsidentin». Die alleinstehende Ex-Präsidentin ist auch kein Fräulein mehr. Doch, in der Schweiz hat sich allerhand geändert. Sogar im Bundesrat haben Frauen die Mehrheit. Das kam fast wie von selbst. Wo gibt es noch eine Frauenregierung? In Finnland. Damit hat sichs schon. ?

(Schweizer Illustrierte, 14. 2. 2011)

Wahlfieber

Wir ereifern uns über die Wahlen im Herbst, Franz und ich. Im Bundeshaus bleibe eh alles beim Alten, weshalb solle er da wählen gehen, giftelt Franz.

In Ägypten und anderswo hätten Menschen ihr Leben riskiert, um frei wählen zu können, kitzle ich seinen patriotischen Nerv. Die Schweiz sei nicht Ägypten, meint er trocken. «Die Schweiz ist politisch ein Friedhof oder, wenn dir das lieber ist, ein Museum.»

Der Komiker Massimo Rocchi ist als Italiener nun auch Schweizer geworden. Wie sieht er das Land seiner Wahl? «Europa ist eine riesige Schallplatte mit einem Loch in der Mitte, das ist die Schweiz.» Nach einer Jubelarie tönt das auch nicht gerade.

In diesem «Loch» wird im Oktober gewählt. Ungefähr die Hälfte dürfte nicht mitmachen. Anzeichen, dass es diesmal anders sein wird, gibt es nicht. Anzunehmen, Nichtwähler seien durchwegs desinteressiert, zu faul, zu dumm oder was immer, liegt daneben. «Ohne mich» kann auch eine politische Haltung sein. Resignation als Protest etwa. Andere reagieren auf Politik wie enttäuschte Liebhaber. Dritten ist Politik zu suspekt. Sie möchten sich nicht schmutzige Hände machen, um eine saubere Weste zu haben. Das sind die Mehrbesseren. Dazu Sokrates: «Wer zu klug ist, um sich in der Politik zu engagieren, wird dadurch bestraft, dass er von Leuten regiert wird, die dümmer sind als er selbst.»

Natürlich ist die Schweiz politisch weder ein Friedhof oder Museum noch ein Loch. Wir haben Wohlstand. Die Finanzkrise ist ausgestanden. Der Wirtschaftsmotor läuft rund, der Export boomt, der Bund schreibt schwarze Zahlen, die Arbeitslosigkeit ist auf europäischem Rekordtief. Wunderbar. Wird das so bleiben? Das ist die bange Frage.

Die globale Vernetzung von Kapital und Multikonzernen ist ausser Kontrolle geraten. Was die UBS in Zürich entscheidet, muss sie in den USA ausbaden. Die Börsenumsätze übersteigen die der Wirtschaft um das Mehrfache. Die Akteure hätten nur noch Geld im Kopf, meint Norbert Blüm, einst deutscher Arbeitsminister. Wo das Herz ist, sei bei denen der Tresor. Helmut Schmidt gibt diesem profitsüchtigen System einen Namen: «Raubtierkapitalismus».

USA, EU, OECD, G-20, alle machen sie Druck auf die kleine Schweiz. Hacken auf ihr herum. Der übermächtige Finanzplatz hat sie in Verruf gebracht. Mit dem Steuerbetrug als Geschäftsmodell. Für reiche Steuerflüchtlinge aus aller Welt. Damit muss Schluss sein. Das Schweizervolk gehört nicht in Geiselhaftung der UBS.

Die FDP erfand den Slogan: «Mehr Freiheit - weniger Staat». Damit erklärte sie den eigenen Staat zum Feind. Und wurde mit der Zeit von der SVP rechts überholt. Die Blocherpartei will noch weniger Staat. Als Götti für die Bauern, ja. Vielleicht noch für Ueli Maurers beste Armee. Wer lacht da? Sonst aber soll der Staat Platz machen. Für mehr Markt, mehr Konzernmacht, mehr Boni, mehr Gewinne, immer mehr für nur wenige. Das bedeutet für unsere Gesellschaft weniger Solidarität füreinander. Und mehr Ellenbogen gegeneinander. Der Stärkere schaffts allein. Der Schwächere hat es immer schwerer.

Dem sagen wir Leistungsgesellschaft. Ein Etikettenschwindel. Belohnt wird nicht die Leistung, sondern der Erfolg. Konzernchefs kassieren ihre Millionengehälter als Erfolgsprämie. Mit Leistung hat das nichts zu tun. So viel kann einer allein gar nicht leisten.

Das Ganze ist die Umverteilung von unten nach oben. In der Mitte und darunter schuften Millionen Arbeitende. Reich werden sie nicht dabei. Dafür explodieren die Gewinne der Boniklasse. Das verändert unsere Gesellschaft. Reiche sind Erfolgsreiche. Wie sie es werden, spielt keine Rolle. Der Spekulant steht auch oben auf der Leiter und ist angesehen. Das war mal anders.

An helvetischen Goldküsten werden Kollateralschäden sichtbar. Normalverdiener finden kaum mehr für sie noch bezahlbare Wohnungen. Aus Zug flüchten sie Richtung Affoltern im Knonaueramt. Immer mehr Kantone locken Vermögende mit Niedrigsteuern an. Obwalden plante Sonderbauzonen für Reiche. Erst die Justiz stoppte den Spuk. Im Bau ist ein Luxusspital für vermögende Ausländer. Das sei ein Beitrag an die allgemeinen Gesundheitskosten, wird gesagt. Es wird immer verrückter.

Sie haben kein Wahlfieber, klar. Bekommen Sie es, bitte. Damit sich im Herbst etwas verändert. So kann es doch nicht weitergehen. Die Schweiz kommt uns noch abhanden.

(Schweizer Illustrierte, 14. 3. 2011)

Bischof Gnadenlos

Bischof Huonder in Chur ermuntert mich zum Rückblick. In eine Zeit, die ganz nach seinem Geschmack ist. Und an der er festhält. Als SBB-Lehrling bin ich auf verschiedene Lehrstationen versetzt worden. Auch nach Entlebuch. Auffällig dort war der Viehhändler und Metzger Limacher. Jeden Morgen betete er um 6 Uhr in der Kirche. Und haute nachher die Bauern beim Viehhandel übers Ohr.

Auf der Station tauchte ein Vertreter mit dem Buch auf: «Vom Jüngling zum Mann». 500 Seiten im Grossformat. Für 52 Franken. Das wären heute 180 Franken. Für einen Lehrling ganz schön teuer.

Ich wollte endlich wissen, was man mir daheim und in der Schule verschwiegen hatte. Über Aufklärung sprach man nicht. Es herrschte eine verlogene Moral. Das war die Zeit, als die Luft noch rein und der Sex schmutzig war.

«Vom Jüngling zum Mann» erwies sich als eine einzige Enttäuschung. Der Autor verschrieb die Doktrin des Vatikans. Für den Jüngling blieb alles verboten. Selbst das Küssen vor der Ehe. Dem Mann befahl der Moralist absolute Keuschheit. In der Ehe tolerierte er Sex nur zwecks Zeugung eines Kindes. Sonst diktierte er Enthaltsamkeit. Wer sich nicht daran hielt, beging selbstverständlich schwere Sünden.

Seither sind fast siebzig Jahre vergangen. Viel geändert hat sich in der Kirche des Vatikans nicht. Wie Bischof Huonder beweist. Den Kirchenmann plagen geschiedene Ehen. Zur Fastenzeit verschickte er seinen Hirtenbrief. Der am 11. März bei allen Gottesdienstlern hätte verlesen werden sollen. Beim kirchlichen Bodenpersonal hat es tapfere Abweichler, die den Hirtenbrief als Zumutung in der Schublade abgelegt haben.

Der Hirtenbrief trägt den Jahrgang Mittelalter. Geschiedene dürfen keine zweite Ehe eingehen. Das ist die bischöfliche Botschaft. Geraten wird ihnen, weiterhin zusammenzuleben. Allerdings enthaltsam, wie «Bruder und Schwester».

Wer wieder heiratet, begeht nach Huonders Dekret eine «schwere Sünde». Und wird von den Sakramenten der katholischen Kirche ausgeschlossen. Von der Gnade Gottes also. Das lebenslänglich.

Was da der bischöfliche Hirte verlangt, ist mehr als nur weltfremd. Das ist menschenverachtend. Der Bischof verweigert Geschiedenen eine zweite Chance in ihrem Leben. Wen wundert es, dass immer mehr Gläubige an ihrer Kirche verzweifeln. Bischof Huonder gehört zu jenen Dogmatikern, die für eine strafende Kirche predigen.

Papst Benedikt war als Kardinal Vorsitzender der Glaubenskongregation. Also Chefideologe des Vatikans. 1983 verfügte er gegen Leonardo Boff ein Redeverbot. Wer ist das? Leonardo Boff ist Mitbegründer der Befreiungstheologie für die Länder in Süd- und Mittelamerika. Sie waren das Armenhaus der USA. Denn Washington unterstützte jahrzehntelang Diktatoren gegen Demokraten. Gegen diese Unterdrückung und Bevormundung sind die Befreiungstheologen angetreten.

Leonardo Boff ist für uns hier in Europa zur Symbolfigur für diese Befreiungsbewegung geworden. Ihr Ziel ist simpel: mehr soziale Gerechtigkeit, Freiheit statt Unterdrückung. Boff dazu: «Wie verhält sich die Armut zum Reichtum der Oberschicht? Wie kann von der Liebe Gottes angesichts des Elends der Armen gesprochen werden?»

Katholische Priester und Ordensleute arbeiten zu Zehntausenden in den Elendsvierteln. Diese barmherzigen Samariter sind für den Vatikan unerwünschte Gottesmänner. Leonardo Boff und seine Leute lassen sich nicht irritieren. Sie machen weiter. Boff genügt Rotkreuzarbeit allein nicht. Es brauche eine neue politische Kultur, sagt er. Und freut sich, dass heute in Brasilien die Arbeiterpartei regiert. Nach dem legendären Lula ist jetzt seine Nachfolgerin Dilma Rousseff Staatspräsidentin. Um den grossen Plan gegen den Hunger systematisch umzusetzen.

Das alles gegen den Willen des Vatikans. Boff: «Ratzinger wird in die Geschichte eingehen als Kardinal und Papst, der ein Feind der Intelligenz der Armen war.»

Auch Amnesty International (AI) wird vom Vatikan geächtet. Diese Organisation kämpft weltweit für die Menschenrechte. Frauen, die in Kriegs- und Elendsländern leben und vergewaltigt wurden, sollen gemäss AI das Recht auf Abtreibung haben. Genau deswegen ist AI im Vatikan in Ungnade gefallen.

Dieser Papst toleriert lieber die reaktionären Piusbrüder als Befreiungstheologen und AI. Da fällt Huonder als Bischof Gnadenlos nicht aus dem Rahmen.

(Schweizer Illustrierte, 12. 3. 2012)

Um 20 Uhr ist in Basel Ruh

Im Zug erlebe ich Geschichten. Nebenan beschwert sich eine ältere Frau beim jungen Gegenüber, er solle gefälligst seine Füsse von ihrem Sitz wegnehmen. Lässig erwidert er, das sei doch im Vergleich zum Krieg in Afghanistan kein Problem. «Junger Mann, das hat mit Krieg nichts zu tun, sondern mit Anstand.» Das hätte, verblüffte der Schlingel, seine Grossmutter haargenau gleich gesagt. Und setzte sich ordentlich hin. Wie es sich gehört.

Eine Frau um die vierzig hat mich erkannt und erzählt mir ihre Sorge. Der Kinderlärm um das Haus sei einfach unerträglich, wiederholte sie penetrant nervös. Ich warf den Rettungsanker mit dem Hinweis, der Verkehrslärm sei doch viel schlimmer. «Nein, der stört mich nicht.»

Bekanntlich ist der Mensch gut, nur die Leute sind schlecht. Indem sie zum Beispiel abends das sommerliche Ambiente in der Quartier-Gartenbeiz fröhlich geniessen. Andere sind hingerissen von Musik auf dem Floss im Fluss oder in der Kaserne. Für ein paar von diesen Menschen ist das offenbar Lärm. Dagegen wird Einsprache erhoben. Das geschieht wie ein automatischer Reflex.

Ich hatte als Redaktor einen Kollegen, der am Barfüsserplatz über der Rio-Bar wohnte. Einmal gönnte er sich Ferien irgendwo in abgelegenster Stille. Nach drei Tagen stand er schon wieder in der Redaktion. «Ich habe diese Ruhe nicht mehr ausgehalten.» Das ist das eine Extrem. Das andere: Gartenbeizen mit Anwohnern müssen um 20 Uhr schliessen. Weil die Basler offenbar um diese Zeit schlafen gehen. Wie wir am Beispiel des Restaurants Stänzler am Erasmusplatz gelesen haben. Zwar wären 80 Anwohner unterschriftlich bereit, eine Polizeistunde ab 22 Uhr zu akzeptieren. Zwei seien dagegen, erzählt der Wirt. Der eine schlafe meistens in

Riehen. Der andere organisiere nebenan Grillpartys bis in die späte Nacht. Die behördliche Baurekurskommission habe den zwei Gestörten recht gegeben.

Wir wohnen auch in Courtemaîche in der Jura-Ajoie. Das Dorf zählt um die 700 Einwohner. Wir hören immer wieder, dort hätten wir sicher absolute Ruhe. Unsere Wohnung am Gerbergässlein ist dagegen eine stille Oase. Das mitten in der Stadt. Da geben kulturelle Leckerbissen viel zu reden. Etwa das musikalische Floss im Fluss oder das Tattoo in der Kaserne. Die Musik auf dem Wasser reichte jahrelang aus für ein Bewilligungstheater. Irgendwann hat man sich arrangiert. Der Veranstalter steckte zurück, um nicht aufgeben zu müssen.

Beim Tattoo konstatiere ich mit ungläubigem Staunen, wie die Bewilligung offenbar immer wieder ein Problem darstellt. Das soll verstehen, wer will. Die Polizeistunde für Gartenbeizen gehört ins Tierbuch. Kleinliche Einsprachen von Einzelmasken werden zu oft begünstigt. Ich weiss nicht, wo es hapert. Nötigenfalls gibts ja die Regierung. Regierungsräte sind gewählt worden, um halt auch mal ein Machtwort zu riskieren: «Das Tattoo wird bewilligt. Punkt.» Das Floss im Fluss hätte man viel früher verankern müssen. Den Zorn der ewigen Einsprachenörgler muss man aushalten. Er ist im guten Lohn inbegriffen.

Basel hat ein paar weltberühmte Museen. Die Stadt jedoch darf kein Museum sein. Und Basel ist nicht Beinwil am See. Der Spötter darf nicht etwa recht bekommen: «Rufe nachts nie um Hilfe, du könntest sonst den Nachbarn wecken.»

(Basler Zeitung, 27.7.2013)

Der Doppelgänger

«Herr Nationalrat, Rot gilt auch für Sie.» Weil weit und breit kein Auto oder Velo in Sicht war, überquerte ich die Strasse bei Rot. Schon hatte mich ein Bürger zur Ordnung gerufen. Von da an wusste ich, als bekannter Politiker wird man beobachtet. Die obligate Frage stellt sich: Muss ein Politiker auch Vorbild sein? Das nicht. Aber an die Regeln hat er sich zu halten. Das wird erwartet. Und gehört sich auch.

In meinem Stammcafé Bachmann beim Bahnhof in Basel wurde ich von einem Gast angesprochen, den ich noch nie getroffen hatte. Zuerst tat er geheimnisvoll. Um dann schnurstracks auf mich loszugehen. Er fragte: «Wars schön auf Rhodos?»

Die Insel Rhodos ist mir durchaus geläufig. Allerdings nur aus Prospekten. Unsere Ferieninsel ist Bornholm in der Ostsee, zwischen Kopenhagen und Malmö. «Wie heissen Sie», erkundigte ich mich. Das tue nichts zur Sache, wich er aus. «Nein», antwortete ich, er täusche sich, ich sei noch nie auf Rhodos gewesen.

Herr Unbekannt liess sich nicht irritieren. Mit einem hämischen Grinsen blieb er auf Kurs. Er habe mich ja gesehen. Allerdings nicht mit meiner Frau. «Die ist ja eher klein. Ihre Partnerin aber war einen grosse Blonde.» Ich spürte seine schäbige Freude, mich überführt zu haben. Geduldig wiederholte ich, nie auf Rhodos Ferien gemacht zu haben. «Aber ich habe Sie ja gesehen», wiederholte er. «Herrgott, ich weiss doch, wo ich schon war und wo noch nie», bellte ich ärgerlich zurück.

Jetzt schaltete der Aufsässige auf scheinheilig: «Ich habe doch volles Verständnis, dass Sie Ihren Seitensprung nicht zugeben möchten. Wer tut das schon gern?» Um dann den Kalauer nachzuschieben: «Ein Politiker ist schliesslich auch nur ein Mensch.» Wie wahr. Politiker sind tatsächlich Menschen. Das wars denn auch in Sachen Übereinstimmung.

Ich bat den mir unsympathisch gewordenen Rechthaber, mich endlich in Ruhe zu lassen. Er ignorierte meine x-te Aussage, Rhodos wirklich nicht zu kennen. Im Stil des Selbstgerechten verliess er mich: «Und Sie waren halt doch dort.» Ich würde lügen, hätte mich diese Verdächtigung nicht beschäftigt. Den Schlaf allerdings hat sie mir nicht geraubt. Zum Schlafen war ich nie zu faul. Mit der Zeit ist die unangenehme Begegnung auf der Strecke des Vergessens geblieben.

Jahre später klärte sich das Missverständnis auf. Ich fuhr im letzten Zug von Bern nach Basel. Und las, wie meistens, die Zeitung. So hatte ich mein Gegenüber gar nicht bemerkt. Nach Burgdorf hat er sich gemeldet: «Darf ich Sie stören?» Er stellte sich als Herr Meister aus Binningen vor. Dann wurde es richtig interessant.

Er sei beruflich zwölf Jahre in Südafrika gewesen. Seit einem Jahr nun wieder zurück in der Schweiz. Nach so langer Abwesenheit lebe er im eigenen Land fast wie ein Fremder. Den Kontakt zu früheren Bekannten habe er verloren. «Dank Ihnen werde ich oft angesprochen und konnte so Leute kennenlernen. Ich werde mit Ihnen verwechselt und bin dann der Hubacher.» Nun musterten wir uns gegenseitig. Grösse, Kopf, Haare, Profil, Alter waren tatsächlich zum Verwechseln ähnlich. Ich war meinem Doppelgänger begegnet.

Ich hätte ja gewettet, dass es das nicht gibt. Herr Meister erzählte von seinen Erfahrungen, die er als «Herr Hubacher» gemacht hatte. Schwierig sei es für ihn gewesen, wenn er der politische Fachmann hätte sein sollen. Sonst habe er eben ein paar gute Bekanntschaften geschlossen. Nur einmal sei er von einem Besoffenen als «Scheiss-Hubacher» beschimpft worden.

Plötzlich fiel mir der Rhodos-Mensch ein. «Haben Sie schon auf Rhodos Ferien gemacht?» «Ja, mehr als einmal.» «Mit Ihrer Partnerin?» «Genau.» «Ist sie blond?» «Ja, auch das stimmt. Sagen Sie mal, weshalb wollen Sie das wissen?»

Mister Unbekannt, lesen Sie mich? So ganz daneben sind Sie ja nicht gelegen. Nur haben Sie auf Rhodos den falschen Hubacher gesehen.

Wer so lange Politik gemacht hat wie ich, ist eine öffentliche Person. Man wird oft angesprochen. Das sei doch unangenehm, meinen viele. Nein. Jene Politiker leiden, die nicht erkannt werden. Herrlich war der Mann in den Berner Lauben. Ich konnte ihn nicht überhören: «Zuerst der Stich, jetzt dieser Hubacher, ein Unglück kommt selten allein.»

(Schweizer Illustrierte, 29. 7. 2013)

Rentenklau mit AHV? Unsinn

Die staatliche AHV sei «kollektivistisch», klagt Bundeshausredaktor Dominik Feusi in der BaZ (23.10.2013). Sie betreibe auf Kosten jüngerer Generationen Rentenklau. Besser wäre, selber «für den eigenen Lebensabend zu sorgen». Durch Sparen «auf dem persönlichen Kapitalkonto. Das bedeutet die Abschaffung der AHV.» Dem sage ich politische Brandstiftung. Die Eiserne Lady in London, Margaret Thatcher, hatte mal gesagt: «Es gibt keine Gesellschaft, es gibt nur Menschen.» Jeder sorge für sich allein. Das ist dann eben die Ellenbogengesellschaft. In der Schwächere unter die Räder geraten.

Der Banker Martin Ebner stellte einmal die AHV infrage. Vor etwa 25 Jahren. Im Sturm der Entrüstung gab er die Idee schnellstens auf. Die AHV ist das grösste Sozialwerk. Ist das Prunkstück des Sozialstaats. Ihre Architekten waren der FDP-Bundesrat Walther Stampfli sowie der SP-Nationalrat Robert Bratschi, Präsident des Schweizerischen Gewerkschaftsbundes.

Kurz Fakten. Die AHV zahlt dieses Jahr etwa 40 Milliarden Franken an 1,7 Millionen Rentner und Rentnerinnen aus. 280 000 Kleinverdiener beziehen zusätzlich Ergänzungsleistungen. 2012 waren das etwa 4,5 Milliarden. Speziell ist der Finanzierungsmodus. Als Beispiel ein Manager mit fünf Millionen Franken Lohn. Ihm und der Firma werden je 4,2 Prozent AHV-Beitrag abgezogen. Macht 8,4 Prozent. In Franken: 84 000 pro Million. Mal fünf sind 420 000 Franken. Im Jahr. Die Rente wird aber nicht etwa höher. Ab etwa 87 000 Franken Jahreslohn gibts Maximalrente. Mehr nicht. Grossverdiener zahlen viel mehr in die AHV, als sie je mit der Rente zurückbekommen werden. So viel Solidarität von oben nach unten ist einmalig. Und dafür war ein freisinniger Bundesrat federführend gewesen.

Die Altersvorsorge basiert auf dem Drei-Säulen-System. Erste Säule: AHV. Sie sichert das Existenzminimum. Zweite Säule: Pensionskasse. Zusammen mit der AHV gewährleistet sie die gewohnte Lebenshaltung. So stehts in der Verfassung. Dritte Säule: das Ersparte. Dass die Alten auf Kosten der Jungen Rentenklau betreiben, ist ein unflätiger Vorwurf. Ab 45 ist man nicht mehr jung, bezahlt aber noch weitere 20 Jahre AHV-Beiträge. Auf einmal sind dann alle alt und bekommen die AHV-Rente.

Das Angebot, die AHV abzuschaffen und mit dem selber Ersparten zu kompensieren, könnten sich Gutverdiener an sich leisten. Die in der Mitte oder unten aber nicht. Für Millionen wäre das ein schlechtes Geschäft. Entlastet würden Gutbetuchte, die jetzt die AHV grosszügig mitfinanzieren. Im Gegensatz zu den Steuern werden hohe AHV-Beiträge relativ klaglos geduldet. Das sei auch mal anerkannt.

Dominik Feusi schreibt, ab 2029 «ist kein Geld mehr da, um Renten zu bezahlen». Unsinn. Das ist pure Angstmache. Es wird nicht kein, sondern nicht mehr genug Geld verfügbar sein. Wir werden älter und beziehen die Renten länger. Das kostet. Der Beitragssatz ist seit bald 40 Jahren nie mehr erhöht worden. Die AHV-Verwaltungskosten sind bis zu zehnmal niedriger, als sie Banken und Versicherungen für Pensionskassen verrechnen. Bundesrat Alain Berset hat eine AHV-Revisionsvorlage ausgearbeitet. Nun ist die Politik gefordert. Ihr Business ist die Kunst des Möglichen. Wir sagen dem Kompromiss. Den wird man im Bundeshaus schaffen. Warum ich mir da sicher bin? Weil keine Partei die AHV fallen lassen kann. Sonst gäbe es nämlich einen Volksaufstand.

(Basler Zeitung, 2. 11. 2013)

Ist die Armee diensttauglich?

Die Armee übt regelmässig den Ernstfall. Im September 2012 standen die Führungsstäbe auf dem Prüfstand. Kennwort der Übung: «Stabilo Due». Szenario: Irgendwo im Osten herrscht Bürgerkrieg. Es gibt Flüchtlingsströme in die Schweiz. Darunter Terroristen. Dazu eine Energiekrise. Wie wurde die Aufgabe gemeistert? Divisionär Eugen Hofmeister verfasste dazu einen Bericht. Den er im Januar 2013 abgeliefert hat. Er bleibt beim VBS unter Verschluss. Dafür hat ihn die «NZZ am Sonntag» indiskret bekommen. Während die Nationalräte der SiK, der Sicherheitspolitischen Kommission, in den Mond schauten. Diese Woche nun hat ihnen VBS-Chef Ueli Maurer «grosszügig» eine Kurzfassung ausgehändigt. Eine knappe Mehrheit der SiK sei zufrieden, hören wir. Dabei ist sie auch Aufsichtsorgan von Maurers «bester Armee der Welt». Da müsste alles auf den Tisch.

Die «NZZ am Sonntag» kommentiert den Bericht als «Bilanz des Schreckens.» Mit einer «total überforderten Armeeführung». Die Computersysteme seien «untauglich». Generalstabsoffiziere verstünden ihr Handwerk zu wenig. Der Führungsstab sei unfähig, «präzise Aufträge zu erteilen und die sich verändernde Krise richtig zu erfassen.» Da muss ziemlich viel schiefgelaufen sein.

Die «Stabilo»-Übung gabs schon 2007. Ebenfalls mit der Note «ungenügend». Armeechef André Blattmann fasste den Auftrag, die Mängel zu beheben. Korpskommandant a. D. Simon Küchler kurz und deutlich: «Es wurde weiter gewurstelt.» Der Armeechef hingegen mahnt zur «Gelassenheit». Wie 2010 in Brüssel. Vor der Handelskammer Belgien-Schweiz sorgte er für einen Eklat. Mit dem Dispositiv, die europäische Schuldenkrise und die hohe Arbeitslosigkeit seien die grösste Bedrohung für die Schweiz. Was die Armee dagegen tun könnte, behielt er für sich. Später überraschte er mit dem Schreckschuss: «Pakistanische Taliban können in der Schweiz Atomwaffen einsetzen.» CVP-Fraktionschef Urs Schwaller konterte: «Das sind irrelevante Bedrohungsszenarien.»

Ueli Maurer hat zur US-Spionage lange geschwiegen. «Die Schweiz hat keine Kontakte mit dem Nachrichtendienst NSA», versucht er uns zu beruhigen. Reto Kalbermatten, einer der vielen VBS-Pressesprecher, präzisierte: «Wir haben keine direkten Kontakte. Der Rest ist für uns nicht kontrollierbar.» Es gibt ja auch indirekte Kontakte. Da haben die beiden Herren recht schwach angefangen und dann stark nachgelassen.

«Ihr Schweizer seid wahnsinnig naiv», redet uns Sándor Gaycke ins Gewissen. Er ist Mitarbeiter im Institut für Computerwissenschaften der Freien Universität Berlin. Zudem Sicherheitsberater für den Deutschen Bundestag. «Entwickelnde und forschende Unternehmen sind durch Wirtschaftsspionage extrem gefährdet», weiss er. Das werde zu wenig ernst genommen.

Maurers wichtigster Mann ist der Armeechef. Blattmann ist offensichtlich überfordert. Darf ich die BaZ vom 30. 4. 2013 zitieren? «Die Armee bleibt auf Jahre hinaus kaum einsatzfähig.» Mit diesem vernichtenden Befund ist sie nicht allein. Trotzdem wird das Budget um 600 Millionen Franken aufgestockt. Geld kann fehlende Professionalität nicht ersetzen. Zuerst müssten «Maurer und sein Armeechef Blattmann die gravierenden Mängel beheben», meint die «NZZ am Sonntag». Sonst macht Armee wenig oder kaum mehr Sinn. Da hilft auch kein Gripen. Nicht einmal der liebe Gott. Schon gar nicht Blattmanns «Gelassenheit».

(Basler Zeitung, 9. 11. 2013)

Der Dorfpfarrer im Vatikan

Wer so schreibt wie Papst Franziskus, will etwas verändern. Ihm passt nicht, was er angetroffen hat. Das beweist sein Vatikanisches Manifest «Evangelii Gaudium – Freude des Evangeliums». Neun Monate nach Amtantritt ist es eine Art Regierungserklärung. Zwei Kostproben:

«Ein Verkäufer des Evangeliums darf nicht ständig ein Gesicht wie an einer Beerdigung haben.»

«Die Priester erinnere ich daran, dass der Beichtstuhl keine Folterkammer sein darf, sondern ein Ort der Barmherzigkeit des Herrn.»

Das sind ungewohnte Worte. Noch ungewöhnlicher ist, Franziskus hat die 256 Seiten selber geschrieben. Ohne Mitarbeit der für die Lehre zuständigen Glaubenskongregation. Sie ist die Behörde der Inquisition. Die einem Hans Küng oder Befreiungstheologen in Südamerika die kirchliche Lehrerlaubnis entzogen hat. Dieser klerikalen Zensur hat sich Papst Franziskus nicht unterworfen. Das unterscheidet ihn von seinem Vorgänger Benedikt XVI. Der als Kardinal Chef der Glaubenskongregation war.

Zum Rundschreiben von Franziskus meint «Die Zeit» aus Hamburg: «Jetzt lesen nicht nur Gläubige ungläubig, dass dem Papst eine ‹verbeulte Kirche, die verletzt und beschmutzt ist, weil sie auf die Strassen hinausgegangen ist›, näher steht als eine Kirche, ‹die aufgrund ihrer Verschlossenheit und Bequemlichkeit krank ist›.»

Der an sich mächtige Chef der Glaubenskongregation ist ein Vertrauter von Benedikt. Unter dem neuen Papst sitzt er auf der Ersatzbank. Franziskus hat acht Kardinäle als seine Berater ausgewählt. Man nennt sie die G 8. In Anlehnung an den G-20-Gipfel in der Weltpolitik. Schon kursiert im Vatikan der Vergleich mit

Gorbatschow, der im Kreml zu Moskau den stalinistischen Machtapparat zerschlagen hatte.

Der Vatikan wird oft als Kreml der katholischen Kirche angeführt. Die alten Seilschaften kommen aus dem Staunen nicht heraus. Ihr neuer Chef wohnt im Gästehaus Santa Marta, nicht im «Palast». Weil er unter den Leuten leben will, so Franziskus. «Ich würde sonst trübsinnig», fügt er hinzu. Er frühstückt im Gästehaus. Ohne etwa einen reservierten Platz zu haben. Man sitzt einfach gemeinsam am Tisch. Vor dem Advent hat sich der Papst für die Predigt angezogen wie ein Dorfpfarrer. Statt das goldbestickte Messgewand trug er den schlichten Chormantel in Violett.

Neulich hat Franziskus von oben zu den Gläubigen unten auf dem Petersplatz gepredigt. «Jetzt möchte ich euch zu einer Medizin raten», rief er ihnen zu. Und hielt eine Medizinschachtel mit dem Schriftzug «Misericordia» (Barmherzigkeit) in der Hand. Davon hat er 25 000 Schachteln verteilen lassen. Mit einem kleinen Rosenkranz darin.

Die Vatikanbank ist kein kirchliches Schmuckstück. Sie stolperte von einem Skandal in den nächsten Korruptionsfall. Auch die Mafia war schon Kunde. Papst Franziskus hat sieben Laien und einen Priester beauftragt, sie trockenzulegen. Und auch sonst einiges im Kirchenstaat zu überwachen. Zu den Experten gehört sogar eine 30-jährige Juristin.

Auch sie fällt aus dem bisherigen Rahmen. Seine Gegner attackieren ihn als den «Traditionszertrümmerer». Der diese Kirche noch ruinieren werde. Im Vatikan ist eine revolutionäre Verschwörung im Gang. Das Besondere und bisher Undenkbare ist, der «Boss» höchstpersönlich hat sie angezettelt. In den Reihen der alten klerikalen Nomenklatura fragt man sich fassungslos, wann dem 76-Jährigen «wohl die Luft ausgehen wird».

Papst Franziskus will eine Reform der Kirche auf allen Ebenen. Er wird auch gesellschaftspolitisch deutlich: «Der Mensch wird wie ein Konsumgut betrachtet, das man gebrauchen und dann wegwerfen kann. Diese Wirtschaft tötet.»

Der für die Logistik zuständige Kirchenmann ist stark gefordert. «Die Gläubigen rennen diesem Papst die Bude ein», frohlockt er. Sei es auf dem Petersplatz oder im Petersdom. Überall herrsche ein hoffnungsvolles Gedränge wie seit Jahren nicht mehr. Selber nimmt sich auch Franziskus zurück: «Ich glaube nicht, dass man vom päpstlichen Lehramt eine endgültige Aussage in allen Fragen erwarten muss, die die Kirche und die Welt betreffen.»

Papst Franziskus fasziniert nicht nur seine Gläubigen. Er hat schon mehr bewegt, als ihm zugetraut wurde.

(Schweizer Illustrierte, 16. 12. 2013)

Unter der Blüemlisalp

Wenn ich mit Jungen zusammensitze, lasse ich mir gerne ihre Internetwelt erklären. Irgendwie geht sie an mir vorüber. Unser Junior Simon demonstriert mir, was er mit seinem Smartphone alles anstellt. Unglaublich. Mir bleibt nur das Staunen. Zu bemerken wäre, Technik ist nie meine Stärke gewesen. Zumal ich auch noch zwei linke Hände habe. Als Handwerker wäre ich wohl verhungert.

Dafür kann ich als älterer Mensch berichten, wie es war. Dann machen Jüngere grosse Augen. Wobei ich mich dann selber ertappe, jesses, das ist tatsächlich mal so passiert. Als ob diese Vergangenheit nicht meine eigene Gegenwart gewesen wäre.

Ab und zu durchstöbere ich mein Archiv. So bin ich auf Geschichten über den Zivilschutz gestossen. Geschichten, die noch gar nicht lange zurückliegen. Aus der Zeit des Kalten Krieges nämlich. Der etwa 40 Jahre bis 1990 gedauert hat. Bis zum Zusammenbruch der Sowjetunion. Gegenüber standen sich die verfeindeten Grossmächte USA und Sowjetunion mitsamt ihren Verbündeten. Beide besassen die Atombombe. Wäre der eine vom anderen angegriffen worden, hätte der noch zurückschlagen können. Dem sagt man Zweitschlagskapazität. Beide hätten sich gegenseitig zerstört. Keiner konnte deshalb einen Krieg riskieren. Dieses Patt geht als «Gleichgewicht des Schreckens» in die Geschichtsbücher ein. Daraus wurde das, was man den Kalten Krieg genannt hat. Die zwei Grossmächte praktizierten die friedliche Koexistenz aus Angst vor einem Atomkrieg. Der Kalte Krieg war die einzige Chance zum Überleben.

Bei dieser Bedrohungslage probte die Schweizer Armee permanent den Ernstfall. Generalstabschef Jörg Zumstein überraschte und erschreckte uns in der Militärkommission des Nationalrats mal mit einer unglaublichen Aussage. Nämlich: «Die Schweiz würde einen Atomkrieg überleben.» Auf die Nachfrage, ob das wirklich sein Ernst sei, wiederholte er das Gesagte. Und begründete es damit, wir hätten den besten Zivilschutz der Welt. In eben diesen Schutzräumen würden wir das atomare Inferno überstehen. Irgendwann hätten wir ja diese «Löcher» verlassen müssen. In was für eine Welt wir dann kämen, wollten wir vom höchsten Offizier erfahren? Es folgte nur verlegenes, peinliches Schweigen. Was hätte er auch sagen sollen.

Nur: Dass der Generalstabschef uns einen derartig gefährlichen Unsinn zugemutet hatte, glich natürlich einer militärischen Bankrotterklärung der Armeeführung. Da musste man wirklich Gott danken, dass wir vom Ernstfall verschont wurden.

Überlebt jedoch hat der von Zumstein gerühmte Zivilschutz. Die Schweiz verfügt über 270 000 private Schutzräume und 3500 öffentliche Zivilschutzanlagen. Die heute meistens als Lagerräume dienen, im Notfall aber Schutz für 95 Prozent der Bevölkerung bieten sollten. Das dürfte Weltrekord sein.

Einige Anlagen sind inzwischen abgebaut worden. Darunter die wohl spektakulärste und auch grösste Zivilschutzeinrichtung der Schweiz: der Schutzraum im Autobahntunnel A2 im Sonnenberg, Luzern. Auf anderthalb Kilometern hätten dort 20 000 Personen Platz gehabt. Abgesichert von Panzertoren aus Stahlbeton, fast zwei Meter dick und 350 Tonnen schwer. Damit sei er, hiess es, atombombensicher. Selbstverständlich mit der nötigen Infrastruktur ausgerüstet. Bis zum Postschalter oder dem Büro für den Seelsorger. Und mit Vorräten für zwei Wochen. Für die einen war der Sonnenberg das Nonplusultra, für die anderen ein unterirdisches Luftschloss.

Das Bundesamt für Zivilschutz hatte zur «Bewältigung besonderer Situationen» Weisungen erlassen. Ziffer 16.2 als Beispiel: «Bei Geburt die werdende Mutter von übrigen Schutzrauminsassen trennen, sie beruhigen und daran erinnern, dass die Geburt ein natürlicher Vorgang ist.»

Der Bundesrat sollte nötigenfalls auch atombombensicher weiterregieren können. Im Bundesratsbunker bei Kandersteg. Genauer gesagt, unter der Blüemlisalp. Für 238 Millionen Franken. Bezugsbereit war er im Jahr 2000. Zehn Jahre nach dem Ende des Kalten Krieges. Das ist typisch schweizerisch. Lieber zu spät als nie.

Beim Schreiben merke ich, wie schnell man vergisst. Vieles ist für mich wie neu. Erstaunt bin ich auf Fakten gestossen, die man nicht glauben würde. Wären sie nicht wahr.

(Schweizer Illustrierte, 10. 2. 2014)

Sag zum Abschied leise Servus!

Die Swissair galt als die beste Airline der Welt. Und als fliegende Bank. Weil finanzstark. Dann passierte, was niemand für möglich gehalten hätte. Am 2. Oktober 2001 blieben die Swissair-Maschinen, wo immer sie stationiert waren, am Boden. Ich war an diesem Tag in Köln und fuhr mit dem Bus vom Hotel ins Stadtzentrum. Der Chauffeur informierte über das Grounding der Swissair: «Und wissen Sie warum? In der reichen Schweiz hat ihre Fluggesellschaft nicht einmal mehr Geld für das Kerosin. Das ist doch Wahnsinn.» Spürbare Häme drückte auf mein verwundetes Gemüt. Später realisierten wir: Bruchpiloten in der Direktion und im Verwaltungsrat hatten die Swissair durch Misswirtschaft in den Konkurs gebracht. Darunter Koryphäen der Wirtschaft mit grossen Namen.

Ich erwähne die Bruchlandung der Swissair, weil es nicht selbstverständlich ist, wenn eine Firma gut geführt wird. Als Gewerkschaftssekretär kapierte ich eines ganz schnell. Nur erfolgreiche Unternehmen garantieren sichere Arbeitsplätze und anständige Löhne. Nur wer über Kaufkraft verfügt, kann auch konsumieren. Damit es der Volkswirtschaft gut geht. So einfach ist das. Aufgepasst: Das Einfache ist bekanntlich das Schwierigste.

Vor zehn Tagen hat Roche-Verwaltungsratspräsident Franz B. Humer den Abschied genommen. In 20 Jahren bei Roche war er Chef einer Division, dann des Konzerns und zuletzt des Verwaltungsrats. Der sympathische Österreicher hat an seiner letzten GV wehmütige Abschiedstränen nicht unterdrückt. In der Zeit meines Grossvaters wäre so ein Chef eine Memme gewesen. Heute sind wir dankbar, dass er Gefühle hat und zeigt. Sie verraten einen Franz Humer, der nicht selbstherrlich abgehoben an seinen Leuten vorbei den Konzern navigiert hat. Sondern liebenswürdig, wie seine Sekretärin Joy Staehle aus der Schule plauderte: «Am Ende eines jeden Tages vergass er trotz aller Hektik eines nie: Danke zu sagen.»

Mit Vergnügen las ich im BaZ-Interview mit Humer: «Ich bin nie im Stress.» Grossartig. Das sagt der Verantwortliche eines Weltkonzerns mit 85 000 Beschäftigten. Oh, là, là, da fallen mir die Nationalratskollegen ein, die wegen ihrer angeblich so grossen Verantwortung über Stress jammerten. Und mich anschauten, ob ich nicht ganz normal sei, wenn ich sagte: «Tritt doch zurück, du machst das ja freiwillig.» Stress kann auch Kompensation für nicht vorhandene Bedeutung sein.

An der Roche-GV gabs interessante News. 2013 sind 3000 neue Stellen geschaffen worden. Davon 750 in der Schweiz. In der Region investiert Roche jährlich für 370 Millionen Franken. Im Bau sind der Roche-Turm, ein neues Ausbildungszentrum in Kaiseraugst oder auch ein Biotech-Produktionsbetrieb für Krebsmedikamente. Humer zog Bilanz: «1995 waren wir Pharmafirma Nummer 14 oder 15 im Markt; heute sind wir, was Marktkapitalisierung angeht, Nummer zwei.» Basel ist Sitz, und die Region ist Standort der zwei grössten Pharmakonzerne der Welt. Keine andere Stadt auf diesem Globus, und mag sie zig Millionen Einwohner haben, kann das vorweisen.

Franz Humer hat in der Roche-Hauszeitung einen Grundsatz deponiert, den sich alle Chefs in ihrem Bordbuch notieren sollten: «Man kann mich ungehalten machen – Ja-Sager und Schmeichler schaffen das.» Noch etwas: Humer ist ausserdem nie als Abzocker zum öffentlichen Gespräch geworden. Auch das ist nicht selbstverständlich. Wir sagen zum Abschied leise Servus. Und vielen Dank, Franz B. Humer.

(Basler Zeitung, 15. 3. 2014)

Wenn das Grossmutter wüsste

Da war ganz viel Pfeffer drin. Wer glaubt, in der Schweiz passiere und verändere sich nichts, ist ganz schön auf dem Holzweg. Die Frauen, sie vor allem, haben mächtig zugelegt. Es reizt mich, aufzuzählen, was ein älterer Mann wie ich in seinem Leben bisher alles erlebt und mitgemacht hat.

Als Politiker denke ich an meine ersten SP-Parteitage zurück. Männer stiessen sich die Ellbogen in die Rippen: «Du, da geht eine ans Mikrofon.» Es war damals einfach ungewöhnlich. Eine Frau am Rednerpult sorgte für eine mittlere Sensation. Als ich 1975 das Präsidium der SP übernahm, sassen in der Geschäftsleitung 14 Männer plus die Alibifrau, die Präsidentin der Frauengruppe. Gleichberechtigung war eine ziemlich einseitige Sache. Erst im Nachgang zur 1968er-Jungendrevolte haben Frauen die Machtverhältnisse zurechtgerückt. Als ich das Parteipräsidium weitergab, passte der GL-Verteiler besser in die Landschaft: sieben Frauen und acht Männer.

Wie im Vorbeigehen wurde damals auch das Konkubinatsverbot aufgehoben. Frau und Mann, die nicht verheiratet waren, durften offiziell keine gemeinsame Wohnung haben. Das sei unmoralisch, verschrien die Behörden. Es war eine verlogene Moral.

Als meine Frau Gret 1982 mit 56 die Wirteprüfung absolviert und im Jahr darauf ein Restaurant übernommen hatte, brauchte sie mein Einverständnis. Ohne meine Unterschrift hätte sie weder die Konzession vom Staat bekommen noch bei der Bank ein Geschäftskonto eröffnen können. Eine verheiratete Frau sass im Seitenwagen wie das Eigentum ihres Mannes.

Dabei wollte Gret nur dem politischen Elend entfliehen. Der Junior war als Letzter daheim ausgezogen. «Auf dich zu warten, bis du aus Bern heimkommst, ist nicht gerade der Traum meines Lebens. Ich mache eine Beiz auf.» Schön, dachte ich. Für mein Wegbleiben brauchte ich von nun an kein schlechtes Gewissen mehr zu haben. Und Gret war happy mit ihrer Beiz.

Das Gegenteil ist noch schlimmer. Unsere Nachbarin hatte Gret gebeichtet: «Frau Hubacher, haben Sie es schön. Mein Mann ist jeden Abend zu Hause. Er macht in keinem Verein mit. Das hält keine Frau aus.»

Es muss Anfang der 1970er-Jahre gewesen sein. Jedenfalls erlebte ich Aufregendes. Nicht im Bundeshaus, sondern beim Coiffeur an der Marktgasse in Bern. Zum ersten Mal hatte mir eine Frau die Haare geschnitten. Bisher waren Damen- und Herrensalon getrennt geführt worden. Eine Frau im Herrensalon? Unvorstellbar.

1953 kündigte ich meine Stelle als SBB-Betriebsbeamter. Im ganzen Bahnhof Basel arbeitete nicht eine Frau. Doch, die Putzfrau. Nicht am Billettschalter, nicht in der Auskunft oder im Reisebüro. Überall nur Männer. Draussen im Betrieb sowieso.

Später, als Gewerkschaftsfunktionär beim Staatspersonal, betreute ich das Personal der BVB, der Basler Verkehrsbetriebe. Die Trämler. Ende der 1950er-Jahre wurde es immer schwieriger, Wagenführer und Billeteure zu rekrutieren. Die Wirtschaft lief auf Hochtouren, die Basler Chemie zahlte bessere Löhne als der Kanton. Da machte ich an einer Trämler-Versammlung den Vorschlag, Billeteusen einzustellen. Jesses, damit hatte ich nicht gerechnet.

Meine Kollegen entwickelten eine blühende Fantasie, die ich ihnen gar nicht zugetraut hätte. Was mir einfalle, Frauen seien doch für diesen Job zu schwach, würden ihn gesundheitlich gar nicht aushalten. Und so weiter. Erst als ich beantragte, «machen wir doch wenigstens einen sechsmonatigen Versuch», bekam ich Oberhand. Und konnte der Direktion das Okay signalisieren.

Keine drei Monate später war das ganze Gestürm kein Thema mehr. Die am lautesten gegen die Frauen losgezogen hatten, erwiesen sich schnell als die «nettesten» Kollegen. Heute sitzen Wagenführerinnen am Steuer, patrouillieren Polizistinnen in der Stadt, regieren Frauen im Rathaus. Dasselbe im Bundeshaus. Seit 1971 gehen dort Frauen ein und aus, als ob das schon immer so gewesen wäre. Ich habe Mühe, mir etwas anderes vorzustellen.

Wenn das Grossmutter wüsste. Sie galt damals mit 55 schon als alte Frau. Und trug nur noch dunkle Farben. Der dunkelblaue Rock mit weissen Tupfen war schon fast kühn. Im Dorf lief eine gleichaltrige Frau mit bunten Jacken herum. «Die spinnt doch», hiess es, «so läuft eine alte Frau nicht mehr herum.»

(Schweizer Illustrierte, 7. 4. 2014)

Ein fatales Urteil des Bundesgerichts

Darf man das Bundesgericht kritisieren? Man darf. Es geht um ein Urteil vom 22. Mai 2014, das schlicht unverständlich ist. Ein Bürger fühlte sich in seiner Ehre verletzt und erhob Anklage. Gegen Rechtsextreme, die sich auf dem Rütli mit dem Hitlergruss präsentierten. Der Hitlergruss als Symbol der denkbar demokratiefeindlichsten Ideologie. Meine Generation hat Hitlers Nazisystem hautnah mitbekommen. In der Kino-«Wochenschau», Fernsehen gabs noch nicht, wurden wir Zeugen der Massenaufmärsche in Berlin. Tausende und Abertausende hatten mit ausgestrecktem Arm dem «Führer» mit «Heil Hitler» ihren blinden Gehorsam demonstriert. Dieser Führerkult symbolisierte den Wahnsinn der Hitlerdiktatur. Mit dem Hitlergruss als Schwur: «Führer, wir folgen dir!»

Hitlers NSDAP, Nationalsozialistische Deutsche Arbeiterpartei, hatte 1933 die Wahlen gewonnen. Hitler wurde zum Reichskanzler ernannt. Kaum im Amt, legte er dem Reichstag das Ermächtigungsgesetz vor. Mit dem sich das Parlament selber abschaffen sollte. Was es denn auch tat. Alle, ausnahmslos alle 441 bürgerlichen Abgeordneten hatten zugestimmt. Alle 94 Sozialdemokraten stimmten dagegen. SPD-Fraktionschef Otto Wels schloss seine legendär gewordene Rede mit den Worten: «Freiheit und Leben kann man uns nehmen, die Ehre nicht.»

Mit dem Ermächtigungsgesetz installierte sich Hitler als «Führer». Von da an wurden in der Nazidiktatur Andersdenkende verfolgt. SPD-Abgeordnete, die nicht flüchten konnten, bezahlten ihren Mut mit dem Leben. Hitler wurde zum Verbrecher, zum Massenmörder. Er hatte sechs Millionen Menschen in Konzentrationslagern vergasen lassen. Mit dem Ziel, die Juden auszurotten.

Neonazis leugnen den Holocaust. Leugnen, dass Hitler den Zweiten Weltkrieg ausgelöst hatte. Leugnen, dass seine Wehrmacht im Russlandfeldzug Millionen Frauen, Männer, Kinder als «Untermenschen», so der Nazijargon, ermorden liess. Diese und weitere Gräueltaten bleiben untrennbar mit dem Hitlergruss verzahnt. Er ist eben keine harmlose Marotte von Unbelehrbaren. Mit dem Hitlergruss überlebt das nostalgische Bekenntnis zum «Führer».

Das Bundesgericht hat die eingangs erwähnte Klage abgewiesen. Mit der Begründung, die Meinungsfreiheit müsse auch den Hitlergruss ertragen. Er sei zu tolerieren, solange Rechtsextreme ihre Ideologie damit nur offenbaren, ohne für sie zu werben. Wenn also Rechtsextreme mit dem Hitlergruss durch die Freie Strasse marschieren, sei das zulässig. Nicht mehr, wenn sie für ihre Parteisekte zum Beitritt aufrufen.

Diese Haarspalterei ist Juristenlatein. Ist für den Laien unbegreiflich. Weil, dünkt mich, Hitlergruss gleich Hitlergruss ist. Ohne diesen juristischen Schnickschnack, ob öffentlich nur gegrüsst oder auch noch Werbung gemacht werde. Für alle Gegner der Nazi-Ideologie, vor allem für alle Juden, ist das Urteil des Bundesgerichts ein Schlag ins Gesicht. Der Rechtsextremismus und sein Zwilling, der Antisemitismus, sind ja in Europa nicht etwa verschwunden.

Das Bundesgericht hätte, finde ich, den Hitlergruss niemals legalisieren dürfen. Auf ihm lasten historisch Unrecht, Verbrechen, Millionen Tote. Der Hitlergruss war im Dritten Reich die permanente Kampfansage an die Freiheit, an die Demokratie. Die ist zwar die Staatsform der Geduld. Nicht jedoch die der Sorglosigkeit gegenüber ihren Feinden.

(Basler Zeitung, 7. 6. 2014)

Voll daneben

Haben Richter immer recht? Kaum. Sie sind die Hüter des Rechts. Im Bundesgericht in Lausanne als letzte Instanz. Es geniesst allgemein hohes Ansehen. Also gibt es nichts auszusetzen? Selten. Aber unfehlbar sind Bundesrichter nicht. So hat ein Urteil vom 22. Mai 2014 weiterum für Kopfschütteln gesorgt. Mehr noch, es hat Unverständnis ausgelöst. Meine innere Stimme meldete sich: «Gehts eigentlich noch?»

Das Rütli ist nicht gerade eine heilige, wohl jedoch eine historische Stätte. Sie ladet zum Rendezvous mit unserer Geschichte ein. Auf dieser patriotischen Gefühlsoase wurde ein Bürger Zeuge eines Aufmarschs, für den er sich schämte. Der ihn auch tief verletzt hat. Er erhob Anklage beim Bundesgericht. Gegen Rechtsextreme, die mit dem Hitlergruss einmarschiert sind.

Der Hitlergruss ist ein Symbol des Grauens. Adolf Hitler kam 1933 an die Macht. Seine NSDAP, die Nationalsozialistische Deutsche Arbeiterpartei, hatte die Wahlen gewonnen. Am 23. März 1933 verlangte Hitler mit dem Ermächtigungsgesetz die Alleinherrschaft. Der Reichstag sollte als Parlament aufgelöst werden. Dem stimmten alle 441 bürgerlichen Abgeordneten zu. Die 94 Sozialdemokraten geschlossen dagegen. Ihr Fraktionschef Otto Wels schloss seine mutige Rede mit dem Bekenntnis: «Freiheit und Leben kann man uns nehmen, die Ehre nicht.»

Hitler hatte sich zum «Führer» des Dritten Reiches ernannt. Die Folgen sind bekannt. Das schlimmste Verbrechen der Hitler-Diktatur war der Holocaust. Sechs Millionen Menschen waren in Konzentrationslagern vergast worden. Mit dem Ziel, die Juden auszurotten. Beim Russlandfeldzug wurden Millionen Frauen,

Männer, Kinder als sogenannte «Untermenschen» ermordet. Der «Führer» steht als Massenmörder in den Geschichtsbüchern.

Meine Generation hat den «Führer»-Kult live mitbekommen. Fernsehen gab es noch nicht. Dafür die «Wochenschau» im Kino. Die gefilmten Massenaufmärsche in Berlin oder wo immer, sind mir in Erinnerung geblieben. Tausende und Abertausende marschierten an Hitler vorbei. Um mit dem Hitlergruss zu bekennen: «Führer wir folgen dir.» Die inszenierte Massenhysterie hatte die Menschen wie betäubt zu blindem Gehorsam verführt.

Der Hitlergruss war der permanent demonstrierte Treueschwur zum «Führer». Zugleich eine Drohung für Andersdenkende. Das macht den Entscheid des Bundesgerichts so schwer erklärbar. Denn es hat die Klage des aufrechten Bürgers abgewiesen. Mit der Begründung, die Demokratie müsse so viel Meinungsfreiheit ertragen. Eine Straftat liege nur dann vor, wenn mit dem Hitlergruss auch noch aktive Agitation betrieben werde. Diese juristische Haarspalterei soll verstehen, wer mag. Für mich ist Hitlergruss gleich Hitlergruss. Als Bekenntnis zum «Führer».

Stellen wir uns nur mal vor, Rechtsextremisten wären auf dem Bundesplatz. Und würden Richtung Bundeshaus «nur» mit dem Hitlergruss demonstrieren. Dann wäre das gemäss Bundesgericht demokratischer Alltag. Schon allein beim Gedanken ginge mir die Galle hoch.

Rechtsextremisten sind keine harmlosen Spinner, die bei uns zwar in einem Postauto Platz hätten. Die kürzlichen Wahlen in das EU-Parlament lehrten uns, dass Unbelehrbare in einigen Ländern Aufwind verspüren. Immer auch ist Antisemitismus der Zwilling dieser Bewegung. Und der ist alles andere als ausgestorben. Ist alles andere als ein Marotte. Es sind ja Rechtsextreme, die den Holocaust leugnen. Und das mit dem Hitlergruss provokativ bezeugen. Das macht es so schwer, sich mit dem Urteil des Bundesgerichts abfinden zu sollen.

Das Fatale, dünkt mich, ist, dass der Hitlergruss sozusagen legalisiert worden ist. Als ob er nicht untrennbar mit der Nazi-Ideologie verstrickt wäre. Da müssen Juristen ohne jegliches politisches Gespür entschieden haben. Für mein Verständnis ist der Hitlergruss keine formaljuristische Frage. Er ist eine politische Botschaft. An der sämtliche Verbrechen der Nazi-Diktatur und ihres «Führers» hängen geblieben sind. Das für alle Zeiten.

Für Demokraten und, das vor allem, für Juden ist das Urteil des Bundesgerichts ein Schlag ins Gesicht. Da haben Richter voll daneben entschieden. Eine Staatsaffäre ist es nicht. Aber ein Fehlurteil schon.

(Schweizer Illustrierte, 30. 6. 2014)

Aktenzeichen AHV – Stau im Bundeshaus

Notiert in Berlin, an einem Kosmetiksalon: «Meine Herren! Sprechen Sie keine Frau an, die unseren Salon verlässt. Es könnte Ihre Grossmutter sein.» Leider lässt sich Politik nicht gleichermassen schönreden.

Um konkret zu werden – es geht hier um die AHV. Und um den Reformstau im Bundeshaus in Bern. Wenn der Bundesrat dem Parlament ein Vorhaben unterbreitet, tut er das mit einer «Botschaft». So auch am 2. Februar 2000: «Botschaft über die 11. Revision der Alters- und Hinterbliebenenversicherung, AHV». Seit 1948 ist sie zehnmal revidiert, besser gesagt: zehnmal ausgebaut worden. Die Vorlage zur 11. Revision liegt nun schon 15 Jahre auf Eis. Ausgearbeitet wurde sie noch von Bundesrätin Ruth Dreifuss (SP). Und seither ist das Geschäft pendent.

Bundesrat Pascal Couchepin übernahm das AHV-Dossier als Nachfolger von Ruth Dreifuss. Mit seinem Vorstoss, das AHV-Alter auf 67 festzulegen, belastete er sich als Reformer. Sogar in der eigenen Partei, der FDP. Seine Vorschläge zur 11. Revision der AHV wurden im Parlament eher noch verschlimmbessert. Die Linke lancierte das Referendum und gewann die Volksabstimmung 2004 haushoch.

Nach Pascal Couchepin wurde Didier Burkhalter (FDP) 2009 Vorsteher des Departements des Inneren. Schon nach zwei Jahren wechselte er in die Aussenpolitik. Er hinterliess Alain Berset (SP), dem dritten Nachfolger von Ruth Dreifuss, eine Revisionsvorlage. Diese wurde schon im Nationalrat versenkt. Von, wie man sagt, einer unheiligen Allianz aus SVP und SP. Der SVP war sie des Guten zu viel. Und der SP dagegen zu wenig. Womit der zweite Anlauf ebenfalls gescheitert war.

Nun hat Bundesrat Alain Berset den nächsten Anlauf gestartet. Wobei freilich inzwischen die 11. AHV-Revision dringlich geworden ist. Seit gut 40 Jahren sind die Beiträge unverändert geblieben. Je 4,2 Lohnprozente für Arbeitgeber und Arbeitnehmer. Macht zusammen 8,4 Prozent. In Deutschland sind es 18,9 Prozent. Die Renten sind aber nicht etwa höher. Das Geheimnis: Unsere AHV-Finanzierung ist einmalig. Gutverdienende zahlen viel mehr in die AHV ein, als sie an Rente zurückbekommen werden.

Die AHV-Rechnung schloss auch 2013 mit einem Überschuss ab. Das ist bemerkenswert. Wieso? Weil Experten und andere Wahrsager seit Jahren falsche Prognosen verkündet haben. Nach ihnen stünde die AHV längstens mit roten Zahlen da. Nun wirds aber ernst. Ab etwa 2020 braucht die AHV mehr Einnahmen. Das eine Mehrwertsteuerprozent, das sie kassiert, reicht nicht mehr aus. Wir alle leben und beziehen die Rente länger. Die Zahl der Alten steigt und steigt. Mit der 11. Revision soll die Finanzierung sichergestellt werden. Dies ohne Leistungsabbau, wie Alain Berset vorschlägt. Genau da ist der politische Hund begraben.

Es hagelt von allen Seiten Kritik. Von den Wirtschaftsverbänden und Rechtsparteien. Aber ebenso von links. Was den einen zu viel, ist anderen zu wenig. Gut – das ist Verhandlungstaktik. Nur: Diesmal brauchts den mehrheitsfähigen Kompromiss. Eine weitere Null-Lösung wäre Verrat am grössten und beliebtesten Sozialwerk der Schweiz. Wenn es da keinen gemeinsamen Nenner mehr gäbe – wofür dann überhaupt noch? Das Ziel muss sein, die AHV zu stabilisieren, und zum Beispiel mit flexiblen Altersgrenzen neu zu lancieren. Die Schweiz kann sich eine AHV ohne Abstriche leisten. 15 Jahre Stau sind genug.

(Basler Zeitung, 26. 7. 2014)

Postauto nach Lü – Bahn nach Boncourt

Soll man schlafende Hunde wecken? Anders gefragt, gibt es Probleme, die eigentlich keine sind? Ja, hören wir aus dem Bundesamt für Verkehr. Nach der Devise: Das Bessere ist der Feind des Guten.

Günter Grass hat mal der Schweiz ein schönes Kompliment gemacht: «In der Schweiz ist gang und gäbe, dass das Schulhaus den Bürgern gehört, dass Strassen und Eisenbahnen den Bürgern gehören, dass Flüsse und Seen den Bürgern gehören.» Manchmal sind wir von uns selber überrascht. Etwa darüber, wie gut der öffentliche Verkehr funktioniert. Ein Deutscher, mit dem ich im Zug ins Gespräch kam, hat das eindrücklich bestätigt. Er lebt in der Schweiz und arbeitet seit drei Jahren im Aussendienst. Er sei nur ausnahmsweise mit dem Auto unterwegs. Das öffentliche Verkehrsnetz sei in der Schweiz flächendeckend. Anders in Deutschland. «Gut sind die Städteverbindungen mit den ICE-Zügen. Nicht jedoch im Regionalverkehr. Da ist der Standard bei Weitem nicht vergleichbar. Deshalb brauchte ich das Auto.»

Wir haben zum einen das dichteste Autobahnnetz. Zum anderen sind wir Europameister beim Bahnfahren. Selbst in der abgelegenen Ajoie im äussersten Zipfel der Schweiz fährt die Bahn von Delémont nach Boncourt im Stundentakt. Lü könnte dem Namen nach in China sein. Das Dorf mit ein paar Dutzend Einwohnern liegt hoch oben im Münstertal. Lü wird regelmässig mit dem Postauto bedient. So wie in der Ajoie und im Münstertal gibts den Service public im ganzen Land.

SBB und Postauto sind als AG Bundesbetriebe. In den Regionen verkehren, wie wir sagen, «Privatbahnen». Dabei sind ihre Eigentümer durchwegs Kantone. Graubünden mit der Rhätischen Bahn, der Kanton Bern mit der BLS, um die zwei grössten zu nen-

nen. Nun plant das Bundesamt für Verkehr bis 2030 einen Kurswechsel. Im kürzlich veröffentlichten Strategiepapier lesen wir:
«Das Angebot in den Regionen wird zunehmend durch private,
gewinnorientierte Unternehmen gemacht.»

Unsere Volkswirtschaft hat zwei Standbeine: die Privatwirtschaft sowie die öffentliche Infrastruktur mit dem Service public.
Beide sind spitze. Der Mix stimmt. Die Gewinne der Wirtschaft
sind privat. Der Service public arbeitet ohne Dividenden. Der Gewinn ist nicht buchhalterisch. Er rechnet sich für die Volkswirtschaft, für die Gesellschaft, für die Allgemeinheit.

Was brächte ein «gewinnorientierter» öffentlicher Verkehr in
der Ajoie, im Münstertal, in den Regionen schweizweit? Abbau
beim Angebot und bei den Löhnen plus höhere Tarife. Dafür haben wir genügend Beispiele im Ausland. Das Bundesamt für Verkehr liebäugelt mit «der schrittweisen Übernahme des EU-Eisen-
bahnpakets». Darin verpackt ist letztlich Privatisierung.

Bundesrätin Doris Leuthard hat am Kongress der Eisenbahner-
Gewerkschaft SEV vom 24. Mai 2013 für den flächendeckenden
Service public votiert: «Das hat seinen Preis, aber das ist unsere
Vorstellung vom öffentlichen Verkehr.» Wird sie von ihrem Bundesamt rechts überholt? Ist es üblich, ohne Not eine EU-Richt-
linie übernehmen zu wollen? Macht da ein Chefbeamter, was er
will? Das erst noch ohne die betroffenen Bahnen zu konsultieren.

Unternehmen müssen gewinnorientiert arbeiten. Klar. Damit
sie das können, ist eine öffentliche Top-Infrastruktur mit einem
Service public hilfreich. Da wird anders gerechnet als bei Novar-
tis, Roche, Coop oder Migros. So geht die Gesamtrechnung auf.

(Basler Zeitung, 2. 8. 2014)

Mit fünfzig zu alt?

Die durchschnittliche Lebenserwartung liegt bei über achtzig Jahren. Kann man sagen, die Alten seien jünger geworden? Grossmutter war mit fünfzig bereits eine alte Frau. Im Kleiderkasten gab es nur noch dunkle Farben. In langen Hosen wäre sie wohl vom Dorfpolizisten als öffentliches Ärgernis verhaftet worden.

In der Herrenmode dominierten Grau und Braun. Zur Abwechslung mal heller, mal dunkler. Standard war das weisse Hemd mit Krawatte. Grossvater besass zwei Anzüge. Den schöneren für Sonntag, der dann werktags ausgetragen wurde. Etwa alle vier Jahre kaufte er einen neuen Anzug. Für die Familie war das ein «grosser Tag».

Meine Grosseltern würden über die heutige Mode staunen. Erst recht über die soziale Lage der Senioren. Seit 1948 gibt es die AHV und seit 1985 die obligatorische Pensionskasse für Arbeitnehmer. Der öffentliche Dienst ging mit der Altersvorsorge voran. In der Privatwirtschaft fehlte sie für ganze Branchen. Das Ersparte ersetzte die Pensionskasse. Sonst mussten die Kinder ihre Eltern unterstützen. Im Kanton Bern war das sogar gesetzlich vorgeschrieben worden.

Mit der heutigen Altersvorsorge sind Senioren finanziell unabhängig und fallen den Kindern nicht mehr zur Last. Oft helfen jetzt die Alten den Jungen. Pensionierte leisten sich Reisen, Ferien, sind als Konsumenten beliebt. Anders meine Grosseltern. Sie machten einmal fünf Tage in Adelboden Ferien. Ihre längste Reise führte mit der Bahn von Bern nach Zürich. 1939, an die legendäre Landi, die Landesausstellung.

Ohne Altersvorsorge wurde so lange wie möglich gearbeitet. Heute sollen 50-Jährige dafür zu alt sein. Von solchen Fällen hören wir immer wieder. Pauschal trifft das natürlich nicht zu. Die reale Arbeitswelt widerlegt das. Wer allerdings eine neue Stelle suchen muss, kann schnell zu alt sein. Bereits 45-Jährige können böse Überraschungen erleben. Ein Auslandschweizer hat das erfahren. Nach 22 Jahren kehrte er in die Schweiz zurück. Mit besten Referenzen als Manager. «Wo immer ich mich bewerbe, bekomme ich Absagen. Ohne nur einmal zum persönlichen Gespräch zugelassen worden zu sein. Fast immer mit der Ausrede, ich sei überqualifiziert», erzählt er mir. Konkret heisse das, «ich bin mit 48 zu alt». Erschwerend komme hinzu, dass er im eigenen Land ein Fremder geworden sei, der nicht oben einsteigen könne. «Um aber unten neu anzufangen, dafür bin ich wirklich zu alt.» Der Mann geht wieder zurück nach Ghana.

Kürzlich erhielt ich von Thomas einen Brief, der mich nachdenklich stimmt. Wir arbeiteten einige Jahre im gleichen Haus und trafen uns regelmässig beim Znünikaffee. Dann machte sich Thomas selbstständig. Die Kontakte wurden seltener. Meistens gab es sie im Fussballstadion. Nun bin ich bequem geworden und schaue mir den FCB-Match lieber am TV an. So haben wir uns etwas aus den Augen verloren.

Thomas ist seit zwei Jahren «ein stellenloser Mitfünfziger», lese ich. Und machte bittere Erfahrungen. Etwa die: «Auf über 100 Bewerbungen konnte ich mich genau 1× (in Worten: einmal) vorstellen.»

Thomas hat Kurse noch und noch besucht. Mit anderen zusammen. «Darunter hat es viele aus der Banken- und Versicherungsbranche gehabt. Auch solche deutlich unter fünfzig, die kaum eine Chance haben, in ihrem Wissensgebiet je wieder Fuss zu fassen. Ich kenne solche, die rotieren im roten Bereich, wenn die Arbeitslosenkasse die Taggelder erst am fünften Tag des Folgemonats ausbezahlt.»

Mein Bekannter hat einen internationalen Abschluss für Projektmanagement absolviert. In der Annahme, damit richtig gut qualifiziert zu sein. «Heute weiss ich genau, dass ich das für mich gemacht habe und nicht davon ausgehen kann, dass sich dadurch meine Chance auf dem Arbeitsmarkt verbessert.»

Seine Bilanz: «Es ist ein Mix aus Alter, langjähriger Selbstständigkeit (kann sich der noch unterordnen?) und meiner Allrounder-Ausbildung. Als Spezialist hast du bessere Karten.»

Thomas arbeitet erneut selbstständig. Mit Dienstleistungen für die Generation 60 plus: PC-Ausbildung, Administratives, Buchhaltung, Hochzeitsrede, Brief an den Vermieter und, und, und.

Mit fünfzig zu alt für die Wirtschaft? Das würde schlecht in unsere vom Konsum gedopte und auf Leistung fixierte Gesellschaft passen.

(Schweizer Illustrierte, 25. 8. 2014)

Unsere Gesellschaft und ihre Hooligans

«Fussball ist ein öffentlicher Bereich, jeder kann daran teilhaben. Aber der Wandel der Gesellschaft färbt auch auf den Fussball ab. Alles, was in der Gesellschaft stattfindet, gibts auch im Fussball.» Das sagt Thomas Schaaf, Bundesliga-Trainer bei Eintracht Frankfurt (*Frankfurter Rundschau*, 21. 8. 2014).

Basel ist die Fussballhochburg der Schweiz. Am letzten Sonntag kamen zum Match FCB–YB 31 000 Zuschauer. Um diese Zahl zu erreichen, braucht es in Zürich etwa fünf Spiele. Im Heimstadion St.-Jakob-Park hat es seit Jahren kaum mehr üble Gewaltszenen gegeben. Letztmals passierte «es» am 23. Mai 2006. Als der FC Zürich in den allerletzten Sekunden das 1:2 schoss und so dem FCB den Titel als Schweizer Meister wegschnappte. Da brannten bei ein paar Dutzend «Fans» sämtliche Sicherungen durch. Es kam zu wüsten Ausschreitungen. Seither herrscht relative Normalität dank guter Fanarbeit.

Anders sieht es bei Auswärtsspielen des FCB aus. Da rasten Basler Hooligans, die sich FCB-Fans nennen, immer wieder aus. Mit Schlägereien, Gewalt, kaputten Scheiben. Hooligans missbrauchen den Fussball für ihren «Sport»: Zoff um jeden Preis. Gerne vermummt gegen andere Hooligans. Die Kantone haben darauf mit dem Hooligan-Konkordat reagiert. Per Gesetz gilt sofort mehr Härte. Landrat und Grosser Rat lehnten den Beitritt ab. Sie setzen auf das «Basler Modell»: Repression zuletzt, nicht zuerst. Rechtsbürgerliche lancieren mit einer Initiative die harte Tour: Ja zum Konkordat.

In den 1960er-Jahren ereigneten sich schweizweit heftige Jugendunruhen. In Zürich sollten die Provokateure mit Wasserwerfern zur Vernunft gebracht werden. Womit sich die Gewaltspirale umso schneller drehte. In Basel hatten Aufständische auf dem Barfüsserplatz die Tramgleise mit einem Sitzstreik besetzt. Und den Verkehr lahmgelegt. Der Polizeikommandant verzichtete auf die gewaltsame Räumung. «Könnt ihr nicht ein paar Zentimeter nach links rutschen», redete er auf die Besetzer ein. Bis sie nach vielen Stunden die Geleise freigaben. So viel Geduld zahlte sich aus. Es gab keine Wiederholungen. Während Jugendliche in Zürich triumphierten: «Züri brännt!» Schon damals hat sich das «Basler Modell» bewährt.

Wir leben in einer brutalen Welt. Krieg, Terror, Gewalt. Katastrophen sind Alltag. Wen wunderts, unsere Gesellschaft ist ebenso wenig gewaltfrei. Halt auch nicht der Fussball, wie Trainer Thomas Schaaf weiss. «Jugendliche meiden dunkle Gassen», so ein Titel in der BaZ vom 22. 8. 14. Das ergab eine Umfrage bei 11- bis 16-Jährigen, die abends ausgehen. In meiner Jugendzeit hatten wir in diesem Alter abends in der Stadt nichts zu suchen. Das hätten Eltern und Polizei verboten. So war eben die gute alte Zeit.

Die FCB-Führung investiert in die Fanarbeit viel Zeit, Personal und Geld. Um die Fans vor Hooligans zu schützen. Das zusammen mit der Polizei. Unbelehrbare werden natürlich ausgegrenzt. Sie sind nicht die Muttenzer Kurve, die im Stadion für eine herrliche Ambiance sorgt. Mit kreativer Fantasie ohnegleichen. Die Konkordatsinitianten setzen nur auf Repression. Und geben sich siegessicher. Weil dem Konkordat überall zugestimmt wurde. Mit dem «Basler Modell» sollen Probleme der Gesellschaft nicht einfach der Polizei überlassen bleiben, vielmehr gemeinsam gelöst werden. Basel und Liestal ticken anders als Bern und Zürich. Wen störts?

(Basler Zeitung, 6. 9. 2014)

Sozial ist das nicht

Es ist gut 30 Jahre her. Als Verwaltungsrat der Gasverbund Mittelland AG machte ich die «Studienreise» nach Kanada und den USA nicht mit. Weil sie mit unserem Erdgasgeschäft nicht die Bohne zu tun hatte. Es war einfach eine Kuoni-Ferienreise. Man macht sich in einem solchen Gremium als Spielverderber nicht beliebt. Als ich noch verlangte, das eingesparte Geld einem Hilfswerk zu überweisen, war der Zapfen erst recht ab. Nach einem halben Jahr erkundigte ich mich, ob die 9000 Franken eingegangen seien. Schon lange, hörte ich. «Zumindest hätten Sie mir dafür danken dürfen», bellte ich verärgert ins Telefon. Da verzichtete ich auf einen schönen Ausflug und musste noch nachfragen, ob die Spende einbezahlt worden war. Das machte mich echt sauer.

Eine andere Erfahrung ist der Missbrauch. Es sind Egoisten, die schamlos sind, wenn es um ihren Vorteil geht. Das fängt beim Anstehen an. Einer drängelt meistens nach vorne. Das geht mit dem Handy im Zug mit maximaler Lautstärke weiter. Als ob einen das oft banale Geschwätz interessieren müsste. Oder Gutsituierte mogeln bei den Steuern, obschon sie es nicht nötig hätten. Sie «optimieren» Steuern, sagt man diplomatisch.

Der Missbrauch macht auch bei Sozialleistungen nicht halt, wie der «SonntagsBlick» vom 14. September aufdeckte. Eine Flüchtlingsfamilie aus Eritrea lebt seit fast drei Jahren im kleinen Dorf Hagenbuch mit etwa 1000 Einwohnern. Das Gemeinbudget ist mit zwei Millionen Franken Einnahmen bescheiden dotiert. Umso schwerer fallen die 60 000 Franken für diese Familie ins Gewicht. Nicht für ein Jahr, sondern pro Monat. Die 720 000 Franken fressen einen Drittel des Gemeindehaushalts auf. Wie ist das überhaupt möglich?

Vier der sieben Kinder sind in einem Heim untergebracht worden. Pro Platz kostet das monatlich je 9000 Franken. Für die andere Hälfte der Familie werden 20 000 Franken verrechnet. Eine Privatfirma stellt das Personal für diverse Hilfsdienste. Die Mutter sei mit den drei Kindern überfordert und komme auch sonst nicht zurecht. Sie brauche Hilfe beim Kochen, Putzen, Einkaufen. Dafür verlangt dieser private Sozialdienst einen Stundenlohn von 135 Franken. Der Firmenchef dazu: «Wir sind jeden Franken wert.»

Die kleine Gemeinde Hagenbuch ist nur noch Zahlstelle. Das zuständige Amt des Kantons Zürich nennt sich Kinder- und Erwachsenenschutzbehörde (KESB). Früher war das die Vormundschaft. Diese KESB hat den Fall übernommen und stellt der Gemeinde Rechnung. Diese beklagt die mangelnde Transparenz über die Kosten. Aus Gründen des Personenschutzes erfährt sie keine Details. Sie hat zu zahlen. Punkt.

720 000 Franken im Jahr sind für eine zugegebenermassen grosse Familie unter keinem Titel zu rechtfertigen. Es sind genau solche Einzelfälle, die Gift sind für die Asylpolitik. Die es schon schwer genug hat. Weil es dafür faktisch keine Lösung gibt. Bund, Kantone, Gemeinden können sich bemühen, sie möglichst gut zu bewirtschaften. Aber Asylpolitik ist nie abgeschlossen, ist nie ein für alle Mal fertig. Weil in dieser gewalttätigen Welt Flüchtlingsströme wohl eher zu- und nicht abnehmen werden.

Hagenbuch legt einen Skandal offen, den die Politik zu verantworten hat. Im Speziellen jene bürgerlichen Parteien, die den schlanken Staat mit Steuerabbau für die da oben zum Programm gemacht und durchgesetzt haben. Nun fehlt auch den Sozialdiensten das nötige Personal. Die öffentliche Hand vergibt Aufträge an private Firmen. So hat sich eine Sozialindustrie entwickelt. «Seit Jahren gibt es einen massiven Ausbau dieser Angebote», beklagt

Odilo Noti von der Caritas. «Gewinnorientierte Unternehmen verwalten nur die Armut, um möglichst viel zu verdienen.»

Sozial ist das nicht mehr, was der Gemeinde Hagenbuch zugemutet wird. Dass Bürger aufbegehren und den Gemeinderat auffordern: «Zahlt einfach die Rechnung nicht mehr», ist absolut verständlich. Private Firmen arbeiten nicht zum Fürsorgetarif, sondern wollen Geld verdienen. Sozialpolitik ist genau deshalb eine öffentliche Aufgabe. Private Geldmacherei wie in Hagenbuch müsse aufhören, schreibt Christine Maier als Chefredaktorin im «SonntagsBlick». «Sonst geht der Wahnsinn weiter.»

(Schweizer Illustrierte, 22. 9. 2014)

Halt schweizerisch: Schritt für Schritt

Unsere Politik ist selten spektakulär. Grosse Würfe liegen kaum drin. Das Bundeshaus liefert nicht grandiose Aha-Erlebnisse. Wenn mal ein grosser Schritt gemacht wird, dann ohne grosses Aufsehen. Wer hätte denn vor Fukushima im März 2011 eine Energiewende für möglich gehalten? Ohne Atomkraftwerke. Wer hätte geglaubt, Bundesrat, National- und Ständerat würden sich gegen die Atomlobby durchsetzen? Würden sich für eine Zukunft ohne Atomstrom entscheiden? So gesehen geschah im Bundeshaus eine Revolution. Inszeniert mit kleinen Schritten auf samtenen Pfoten. Also behutsam und nüchtern, sodass die Öffentlichkeit sie gar nicht richtig wahrnimmt. Selbst ein kühner Wurf wird auf pragmatische Art kleingeschrieben. Das ist halt so in der Schweiz.

Wir wissen kaum mehr, was vor der Reaktorkatastrophe im japanischen Fukushima bei uns aktuell war. Die Stromkonzerne planten ein, zwei neue Atomkraftwerke. Solar- und Windenergie galten als vernachlässigbare Nischenprodukte, die für die Stromversorgung null Rolle spielten. Und denen keine Zukunft gutgeschrieben wurde. Umso grosszügiger wird die Endlagerung der hochradioaktiven Atomabfälle verdrängt. Immerhin hatte man uns, lang, lang ists her, mit dem «Projekt Gewähr» für 1985 eine Lösung versprochen. Die ist inzwischen auf 2060 verschoben worden. Noch weiss kein Mensch, wo dieses gefährliche Material für die nächsten 100 000 Jahre verlocht werden kann. Wir schreiben 2014 Jahre nach Christus. Mal fünfzig ergibt die Zeitspanne für die Endlagerung. Wo liegt denn dieses strahlende Gift heute? Im Zwischenlager von Würenlingen. Meterdicke Fässer warten dort in einer Halle auf ihr Endlager. Und sind «süttig» heiss.

Für Avenir Suisse als Denklabor der Wirtschaft hat die Energie-wende keine Strategie. Economiesuisse haut in die gleiche Kerbe. Professor Silvio Borner nennt sie den «Jahrhundertfehler». Wissen-schaft, Gemeinden und viele Kantone hätten «mit vorauseilendem Gehorsam» mitgemacht. Nach dieser Logik müssen Bundesrat und Parlament in ihrer Mehrheit sowie SP, Grüne, CVP, Grün-liberale und BDP von allen guten Geistern verlassen worden sein. Könnte man meinen.

Nur: Die Stromkonzerne jammern. Axpo hat soeben ein Defizit von 750 Millionen Franken gemeldet. Der Verwaltungsratspräsi-dent sieht für die nächsten zehn Jahre nur rote Zahlen. Was ist passiert? Aus Deutschland ist so viel Strom aus Sonnenkollekto-ren und Windturbinen im Netz, dass es der Atomlobby das Ge-schäft verleidet. Ihr Atomstrom ist zu teuer. Sie muss anders kalkulieren und legt zeitweise drauf.

Sonnen- und Windenergie sind auf einmal lästige Konkurrenten geworden. Der Ideenreichtum scheint unerschöpflich zu sein. Beispiel das neue Reka-Feriendorf in Blatten-Belalp. Im Sommer wird in 170 Meter Tiefe der Boden mit Solarstrom «geheizt», da-mit im Winter die 50 Wohnungen warm werden. Oder ETH-Pro-fessor Anton Gunzinger erklärt: «Von den 24 Terrawattstunden Atomstrom wird man etwa die Hälfte mit Solarenergie ersetzen, einen Teil je mit Biomasse und Wind und vielleicht auch noch et-was mit Erdwärme.»

Für die Energiewende ist Zeit bis 2050. Sie ist nicht einfach eine Illusion. Der Irrtum ist die Atomenergie. Mit ihrer Endlageraltlast für 100 000 Jahre.

(Basler Zeitung, 27. 12. 2014)

Gugelhopf mit Weinbeeren

Eigentlich wollte ich darüber schreiben, was die Nationalbank angerichtet hat. Das Thema macht fast schon depressiv. Deshalb lasse ich die Politik links liegen. Der Alltag beschert einem gelegentlich angenehmere Überraschungen.

Es geht um Weinbeeren für Grets Gugelhopf. Um etwas Banales also. Nur nicht so voreilig. Oft sind es die kleinen Gesten, die das Leben liebenswert machen. Doch schön der Reihe nach, wie in Paris, wie Grossvater gesagt hätte. Erst viel später erfuhr ich den Sinn seines Lieblingsspruchs. Er hat mit einem Bordell in Paris zu tun. Wenn die Herren drängten, mahnte sie die Puffmutter: «Messieurs, un après l'autre – Meine Herren, schön der Reihe nach.»

Gret hat uns, die Kinder und mich, mit Züpfe, Schoggikuchen oder Gugelhopf verwöhnt. Bis ich sie mal fragte: «Wieso backst du nie mehr einen Gugelhopf?» – «Es gibt keine Weinbeeren mehr», hörte ich erstaunt. Nun verstehe ich von Kochen und Backen tatsächlich wenig. Weinbeeren jedoch, das hingegen weiss ich, gibts in jedem Supermarkt. «Das sind Sultaninen oder Rosinen», korrigierte sie mich, «keine Weinbeeren.» Diese seien getrocknete Weintrauben, kräftiger als Sultaninen. Halt mit dem gewissen Etwas für den Gugelhopf. Für mich waren alle Sorten einfach Weinbeeren. Mit einem Erinnerungswert an meine Bubenzeit.

Ich bin bei den Grosseltern in Zollikofen aufgewachsen. Dort steht die einzige Kirche für Mormonen. Grossvater arbeitete als Kontrolleur der Hasler AG in Bern. An ihm war kein Telefonapparat vorbeigegangen, den er nicht überprüft hatte. Ein solcher Job prägt den Menschen. Wir erlebten Grossvater als «Tüpflischiisser». Alles musste perfekt stimmen. Hatte Grossmutter ausnahmsweise den Tabak nicht gepostet, hing der Hausfrieden an einem Faden.

Dann hiess es ab ins Konsum, heute Coop. Er wäre nie in einen Laden gegangen, sondern wartete draussen. Einkaufen sei «Wybersache», so im Originalmachoton. Selber kaufte er nur Kleider, Schuhe oder Werkzeug ein.

Der sanfte Tyrann benutzte morgens nach dem Aufstehen nicht etwa die Toilette. Die war draussen, neben dem Hauseingang. Grossmutter stellte ihm den «Potschamber» neben das Bett und leerte ihn dann. Hemd, Hosen und Socken hatte sie auf dem Bett parat gelegt. So sah es damals in einem Arbeiterhaushalt aus. Der Pascha bestimmte auch, wo eingekauft wurde. Nur im Konsum. Das Brot bei Michel-Beck, Fleisch beim Metzger Häberli. Migros-Gründer Gottlieb Duttweiler hatte 1936 für den Lohnabbau beim Bundespersonal plädiert. Grossvater reagierte mit dem Migros-Verbot. Während ich wöchentlich den einzigen Teppich der Nachbarin für eine Handvoll Weinbeeren ausklopfte. Damals eine leckere Rarität, die es nur in der Migros gab. Wo ja Grossmutter nicht einkaufen durfte.

Womit ich wieder beim Gugelhopf wäre. Inzwischen hatte auch Trix, meine Schwägerin, geklagt, Weinbeeren seien vom Markt verschwunden. Was ich nicht glauben mochte. Ich machte mich auf die Suche. In Basel absolut erfolglos. Mich begann der stets gleiche Bescheid zu nerven: «Nein, Weinbeeren haben wir nicht mehr.» Dasselbe erlebten Gret und ich auch auswärts. Der Dialog wiederholte sich, ob in Bern, Biel, Thun, Trubschachen, Lörrach oder wo immer sonst: «Nein, nicht Sultaninen oder Rosinen, sondern Weinbeeren, richtige Weinbeeren hätten wir gerne.»

Dass mir das nicht viel früher eingefallen ist. Im Niederdorf in Zürich, an der Münstergasse, gibt es den legendären Kolonialwarenladen Schwarzenbach. Seit 151 Jahren, in der fünften Generation, werden «ausgewählte Spezialitäten aus aller Welt» verkauft.

Auf jeder Papiertüte wird das Angebot aufgezählt: «Grosse Auswahl an Dörrfrüchten, Tee, Kaffee aus eigener Rösterei, Schokoladen, Nüssen, Konfitüren und Honigen, Oel und Essig, Backzutaten, Teigwaren, italienischen Köstlichkeiten, Gewürzen und Weinen.» Vieles wird noch offen verkauft. Wie zu Grossmutters Zeiten.

«Haben Sie Weinbeeren?», fragte ich etwas zögerlich. Die Frau schaute mich leicht verdutzt an. «Ja, natürlich.» Unüberhörbar, wieso ich zweifle. «Bitte, zweimal 200 Gramm.» – «Macht 7 Franken 60.» Selten habe ich mit so wenig Geld so gut gepunktet.

Gret hat nach einer langen Pause wieder einen Gugelhopf gebacken. Mit Weinbeeren – «natürlich», fällt mir die Verkäuferin bei Schwarzenbach ein.

(Schweizer Illustrierte, 9. 2. 2015)

Von der Schweiz, Europa und der Welt

«Die Lage ist hoffnungslos, aber nicht ernst.»

Wir Eidgenossen

«Lieben Sie den Staat?» Das wurde Gustav Heinemann als Bundespräsident von Deutschland mal gefragt. Seine Antwort machte 1969 Schlagzeilen: «Ich liebe meine Frau, nicht den Staat.»

Wie ist denn unser Verhältnis zum Staat?

In Frankreich hat der Präsident faktisch die alleinige politische Macht. Der Staat ist zentralistisch strukturiert. Fast alles läuft über Paris. Also über Nicolas Sarkozy.

Wir haben ein anderes System. Mit drei staatlichen Ebenen: Gemeinde, Kanton, Bund. Die Schweiz ist ein föderalistischer Staat. Macht wird aufgeteilt. Und delegiert. An die von uns gewählten Gemeinderäte, Grossräte, Regierungsräte, National- und Ständeräte. Die Schweizerische Eidgenossenschaft ist eine Einheit in der Vielfalt. Im Bund verwaltet vom Bundesrat als Kollegialbehörde. Alle sieben sind gleichberechtigt. Der Bundespräsident amtet nur für ein Jahr. Ohne besondere Kompetenzen. Aktuell ist es Micheline Calmy-Rey. Sie präsidiert den «Klub».

Damit ist die Frage, wie wir zum Staat stehen, noch nicht beantwortet. Kann man sagen: allgemein eher kritisch? Ich glaube, ja. Allerdings aus unterschiedlichen Motiven. Die politische Rechte betont den «schlanken» Staat. Die FDP wählte in den Siebzigerjahren den Slogan: «Weniger Staat – mehr Freiheit». Das konnte nur heissen, der Staat bedrohe die Freiheit. Wessen Freiheit? Die des Kapitals, der Spekulanten, der Grossbanken, die alles für sich privatisieren wollten: Post, SBB, Swisscom, Elektrizitätswerke, Schulen, Spitäler, Radio und Fernsehen. Diese Kampfansage an den eigenen Staat bekam der Partei schlecht. Seither geht es mit der FDP nur noch bergab.

Für die Linke hat der Sozialstaat zentrale Bedeutung. Nur wer sozial abgesichert ist, sei ein freier Mensch. So ihre Philosophie. Auf Afrika übertragen: Was nützt den Menschen Freiheit, wenn sie vor Hunger und Armut auf der Flucht sind?

Was man hat, wird nicht immer geschätzt. Schauen wir deshalb über den helvetischen Tellerrand hinaus. Nach Athen. Der griechische Staat wird von Schulden erdrückt. Er liegt auf der EU-Intensivstation. Wie ist es so weit gekommen? Das ist eine lange Geschichte.

Nur kurz. Seit Jahrzehnten haben sich rechte und linke Regierungen abgelöst. Geblieben ist die Vetterliwirtschaft. Korruption also. Die Verwaltung wurde aufgebläht. Mal versorgten die Rechten ihre Leute, mal die Linken. Resultat: zu viel Bürokratie, zu wenig effizient. Was ein Beamter leisten müsste, bringen zwei nicht fertig. Ein Beispiel.

Ministerpräsident Papandreou ist der politische Konkursverwalter. Es macht den Anschein, als ob endlich mal eine ehrliche Haut regiere. «Meine Verwaltung schafft das nicht», klagt er. Was nicht? Eine Steuerverwaltung aufzubauen, die diesen Namen verdient. Die wirklich funktioniert. Papandreou muss private Firmen beiziehen. Er hat zwar zu viele Beschäftigte, aber Private machen die Arbeit. Nicht gratis, natürlich. So muss ja ein Staat kollabieren.

Der Internationale Währungsfonds bestätigt die Misere. Ärzte und Anwälte etwa würden häufig Einkommen an der Armutsgrenze versteuern. 900 000 Griechen schuldeten dem Staat 41 Milliarden Euro. Davon 45 000 allein 37 Milliarden. Macht pro «Nase» 820 000 Euro. Reiche betrügen besonders gerne. Für sie rentiert's auch am meisten.

Verglichen mit Griechenland funktioniert unser Staat besser. Falsch. Er funktioniert. Punkt. Und zwar sehr gut. Oft muss uns das ein Fremder bestätigen, damit wirs glauben.

Der frühere deutsche Bundeskanzler Willy Brandt übernahm 1978 für die Uno ein Mandat. Das Präsidium der Nord-Süd-Kommission. Um was gings? Um das Verhältnis zwischen den reichen Ländern im Norden und den armen im Süden. Für die etwa zwanzig Mitarbeiter brauchte Brandt ein Sekretariat. Sein Freund Bruno Kreisky, Bundeskanzler Österreichs, verlangte, es gehöre nach Wien. Ich war dabei, als der Deutsche anders entschied: «Mein lieber Bruno, in der Schweiz funktioniert einfach alles besser als bei dir. Ob das Post, Bahn, Flugverkehr, Verwaltung oder was immer ist. Ich habe mich für Genf entschieden.»

Das war ein Kompliment an den schweizerischen Staat. Wunderbar. Darf ich im Schatten des 1. August sentimental werden? Um für einmal in dieser verrückten Welt alle politischen Gegensätze zu übersehen? Wir Eidgenossen verwalten unseren Staat selbst. Und das richtig gut.

(Schweizer Illustrierte, 30. 7. 2011)

Kompliment aus Prag

Die Schweiz sei ein grossartiger Rechtsstaat. Dieses Lob hat Karl Schwarzenberg in der Gesprächsrunde «NZZ Standpunkte» auf SF 1 deponiert.

Kennen wir den Mann? Als 12. Fürst zu Schwarzenberg ist er das Oberhaupt seiner Dynastie. Er lebte 41 Jahre lang in Österreich, hat den tschechischen Pass und das Zürcher Bürgerrecht. Schwarzenberg ist Aussenminister von Tschechien.

Das Zürcher Bürgerrecht gabs im Zusammenhang mit einem Handel um das Rafzerfeld. Nach dem Zweiten Weltkrieg erinnerte sich der Fürst an dieses Privileg. Er beantragte für sich den Schweizer Pass. Und bekam ihn. Damit wurde das Bürgerrecht nach gut 200 Jahren eingelöst. Die adlige Herkunft könnte den Entscheid erleichtert haben. Imponierend war er allemal.

Dass Schwarzenberg von der Schweiz nur positiv redet, ist nachvollziehbar. Er spart denn auch nicht mit Komplimenten. Zum Beispiel an die ETH Zürich, die Eidgenössische Technische Hochschule. Sie sei die beste Hochschule in Europa. Die kleine Schweiz sei punkto Bildung, Forschung und Lehre absolute Spitze. Weil sie die richtigen Prioritäten setze.

Der Aussenminister ist ein kultivierter, gescheiter Konservativer. Ihn beunruhigt der Zustand Europas, speziell der EU. In den nächsten zehn Jahren müssten kleinere Brötchen gebacken werden. Schuldenabbau habe Vorrang. Wohlstand auf Pump könne nicht mehr verantwortet werden. Sein Vorbehalt: Wer so politisiere, überlebe die nächsten Wahlen nicht. «Deshalb wird weitergewurschtelt.»

Schwarzenberg gibt nicht auf. Er stellt die richtige Frage: «Was passiert, wenn nichts geschieht?»

Er glaubt, die junge Generation verlange eine andere Politik. Sonst liege sie in der Luft – die Revolution. «Und das ist gut so.»

Kritik an den zerstörerischen Finanzmärkten etwa gibts von Schwarzenberg nicht. Dafür ist er zu systemtreu. Über seinen eignen Schatten springen kann er nicht. Imponieren tut er mir gleichwohl, der Konservative.

Er registriert Veränderungen in der Gesellschaft wie ein Seismograf. Schwarzenberg kommt von rechts zum gleichen Schluss wie andere von links: Wenn nichts geschieht, passierts.

Bei uns gab es seit Monaten nur noch das Thema Bundesratswahlen. Es wird Zeit, wieder Politik zu machen. Über die Kaffeetasse hinauszuschauen. Wie unser «Landsmann» in Prag.

Nehmen wir die Beziehungen Schweiz–EU. Seit Februar sind sie blockiert. «Brüssel» ist das Prozedere mit den 120 bilateralen Abkommen zu kompliziert geworden. Die EU verhandle mit keinem Mitgliedsland so intensiv wie mit der Schweiz. Das müsse sich ändern. Der Bundesrat hat noch kein Konzept, muss der EU aber ein Angebot machen. Sie ist unser wichtigster Handelspartner. Und erst noch mit grossem Abstand.

Die US-Justiz nimmt die zwei Grossbanken UBS und CS in den «Schwitzkasten». Sie sollen den Bund ermächtigen, Kundendaten von amerikanischen Steuerhinterziehern an Washington herauszugeben. Das heisst, sich selber ans Messer zu liefern. Das ist der Fluch der bösen Tat mit dem Bankgeheimnis.

Mühe habe ich mit der Doppelmoral der Amerikaner. In ihrem Bundesstaat Delaware wird das praktiziert, wofür die US-Justiz die Schweiz und ihre Banken auf die Anklagebank setzt. Das entschuldigt UBS, CS & Co. nicht. Aber sagen muss man es den Scheinheiligen in Washington.

Ein nächstes Dossier ist der harte Franken. Immer lauter sind die Klagen aus der Wirtschaft. Arbeitsplätze werden abgebaut und ausgelagert. Noch nicht in Massen. Der Trend hingegen ist alarmierend. Verunsichert und macht Angst. Wie bedrohlich ist der harte Franken? Zahlen wir den Preis für unseren europäischen Alleingang? Wenn nicht, beweist es. Wenn doch, sagt es. Mir fehlt der Dialog mit dem Bundeshaus. Zwischen der Politik und dem Volk. Selbst bitterste Tatsachen sind besser zu ertragen als die Ungewissheit.

Das Bundeshaus ist bestellt, alle sind gewählt. Nun gehts an die Arbeit. Zu den genannten Aufgaben kommen noch viele Dossiers dazu. Die Sicherung der Sozialwerke etwa. Vor allem der AHV und der Berufsvorsorge der 2. Säule. Bildung und Bahn brauchen mehr Geld. Einkommen und Vermögen sind ungerechter denn je verteilt. Zulasten von denen da unten und in der Mitte. Der Finanzplatz bedrängt den Werkplatz. Und so weiter.

Komplimente aus Prag sind schön und recht. Besser wäre, wenn wir sie uns selber machen könnten. Für gute Politik. Das heisst im Bundeshaus: An die Säcke. Mehr Kooperation statt Konfrontation.

(Schweizer Illustrierte, 19. 12. 2012)

Unsere Nachbarn und wir

Wir haben sieben Bundesräte. Im Ausland zählen Regierungen 20, 30 oder noch mehr Minister. Politik ist überall etwas anders. Schauen wir uns doch bei den fünf Nachbarländern um.

In Liechtenstein ist der Fürst allmächtig. Er kann sogar Volksentscheide aufheben. Das Volk hat kürzlich eine Initiative abgelehnt, die das ändern wollte. Es will offensichtlich gar nicht mehr Demokratie.

In Frankreich herrscht der Staatspräsident. Manchmal frage ich mich, ob es überhaupt eine Regierung gibt. Schon, aber der Präsident bestimmt die Politik. Jeder auf seine Weise. Nicolas Sarkozy inszenierte sich stets theatralisch. Sein Nachfolger, François Hollande, regiert diskreter. Aber nicht minder autoritär.

François Mitterrand war der erste sozialistische Staatspräsident. Zuvor hatte er die Parti socialiste als Generalsekretär dirigiert. Als ob sie ihm gehört hätte.

Frankreich hat 96 Departements. Bei nationalen Wahlen nominieren die Parteien dort ihre Kandidaten und melden sie der Zentrale in Paris. Mitterrand nahm die Vorschläge entgegen. Er bestimmte dann, wer kandidieren durfte. Von den in den Departements Nominierten blieben wenige übrig. Das war linke «Demokratie» in der Grande Nation.

In Österreich dominierten lange zwei grosse Parteien. Die «Schwarzen» und die «Roten». Mal regierte die Volkspartei, mal die SP. Die Zeiten mit einer absoluten Mehrheit sind vorbei. So kam es zur grossen Koalition.

Als der Sozialist Otto Rösch das Verteidigungsministerium übernahm, musste er einen Kontrolleur akzeptieren: einen «Schwarzen» als Armeechef. Wie das funktioniere, wollte ich von ihm wissen. Röschs Antwort haute mich fast vom Stuhl. Der Armeechef betreibe nebenbei eine Fischzucht. «Seit ich ihm neue Kunden gebracht habe, Coop Wien etwa, arbeiten wir bestens zusammen.»

In Italien regierte während Jahrzehnten die DC, die Democrazia Cristiana. Heute ist sie eine Randerscheinung. Die DC verlor in den 90er-Jahren ihr Gleichgewicht wegen Korruption und der Nähe zur Mafia. Der Vatikan konnte sie nicht mehr retten.

Der Sozialist Bettino Craxi amtierte vier Jahre lang als Regierungschef. Eine für die damalige Zeit lange Periode. Regierungen wechselten wie bei uns der Vollmond. Craxi hatte sich mit Silvio Berlusconi verbündet. Als sein «Zuhälter». Der Linke verschaffte dem Rechten die Lizenz für das Radio- und Fernsehmonopol. Gegen Schmiergeld natürlich. Craxi verbrachte seine letzten Jahre in Tunis. Statt in Rom im Gefängnis.

Italien ist ein reiches Land mit einem armen Staat. Es hat 1,4 Millionen Millionäre. 400 000 mehr als zum Beispiel Deutschland.

Der deutsche Bundeskanzler hat die sogenannte Richtlinienkompetenz. Er kann über die Kabinettsmehrheit hinweg anders entscheiden. Gerhard Schröder galt als der «Basta-Kanzler». Er quittierte den Alleingang mit dem Machtwort «basta!», was Schluss der Diskussion bedeutete.

Bei uns hat das Stimmvolk das letzte Wort. In Deutschland das Bundesverfassungsgericht in Karlsruhe. Es kann ein vom Parlament beschlossenes Gesetz aufheben. Mit der Begründung, es verstosse gegen das Grundgesetz. Gegen die Verfassung.

Werden bei uns immer die Besten in den Bundesrat gewählt? Das wäre eine kühne Behauptung.

Kurt Furgler war ein brillanter Bundesrat. Er redete ohne Manuskript druckreif. Und führte mit Max Frisch ein Streitgespräch auf Augenhöhe. Furgler moderierte in Genf das Gipfeltreffen von

US-Präsident Roland Reagan mit dem Sowjetdiktator Michael Gorbatschow souverän.

Bei einer Ersatzwahl für den zweiten CVP-Sitz, den die Partei damals noch hatte, kandidierte Nationalrat Leo Schürmann. Ebenfalls ein Ausnahmekönner der Extraklasse. Schürmann schaffte die Wahl nicht. Seine eigene Fraktion war dagegen. Fraktionschef Alois Hürlimann gestand mir, weshalb: «Zwei so brillante Köpfe hätten wir kaum ausgehalten. Die wären uns so überlegen gewesen, dass wir nichts mehr zu melden gehabt hätten.»

Die frühere Nationalrätin Verena Grendelmeier lehrte beim Fernsehen Rhetorik. Entsprechend perfekt redete sie im Rat hochdeutsch. Als ob sie im deutschen Bundestag aufgetreten wäre. Das kam gar nicht gut an. Wir rieten ihr freundschaftlich, nicht so geschliffen zu reden, weniger elegant also. Einfach das etwas holprige Schweizer Hochdeutsch. Mit dem unverwechselbaren eidgenössischen Slang. Damit gefiel sie besser.

Ja, so sind wir halt.

(Schweizer Illustrierte, 27. 8. 2012)

Wo ist das Grab der Demokratie?

Das Geschäft mit dem Steuerbetrug basiert auf dem Bankgeheimnis. Das ist Gesetz. Das heisst, der Staat hat es ermöglicht. International hat das Bankgeheimnis als Geschäftsmodell ausgedient. Der Druck auf die Schweiz ist zu stark geworden. Der Bundesrat vereinbarte erst kürzlich mit den USA, Daten von US-Bankkunden seien offenzulegen. Dem sagt man «automatischer Informationsaustausch». Ohne den hätten Schweizer Banken in den USA Geschäftsverbot riskiert. Deshalb billigt die Schweizerische Bankiervereinigung das Vorgehen der Regierung. Selbst UBS-Chef Sergio Ermotti sagt: «Wir haben zu lange am Bankgeheimnis festgehalten.»

Was den USA zugestanden wird, will auch die EU. Deshalb hat Eveline Widmer-Schlumpf signalisiert, man werde darüber reden müssen. Damit löste die Bundesrätin im Bundeshaus kolossale Aufregung aus. Der schlaue Bundespräsident Ueli Maurer nimmt sie in Schutz. Sie sei zwar ohne Absprache mit dem Bundesrat vorgeprellt. Gelegentlich müsse das halt sein.

Für BaZ-Redaktor Thomas Lüthi war das die Gelegenheit, wieder mal Jagdszenen gegen die SP zu inszenieren. Am 24. Dezember schrieb er, das Angebot der Finanzministerin sei ein «Weihnachtsgeschenk für die SP und die EU».

Wie meint er das? Sie unterstütze «die Interessen von SP und Grünen, die unser Land in die EU treiben und damit unsere Demokratie zu Grabe tragen wollen».

Im Zweiten Weltkrieg ging es für die Schweiz um Sein oder Nichtsein. Im Kampf gegen die Anpasser an Nazi-Deutschland sei die politische und gewerkschaftliche Linke der zuverlässigste Partner gewesen. Das attestierte der konservative Waadtländer

Aristokrat General Henri Guisan in seinem Abschlussbericht über den Aktivdienst von 1939 bis 1945. Der SP kann man weiss Gott vieles vorwerfen. Nicht jedoch ein gestörtes Verhältnis zur Demokratie. Genau diese Demokratie braucht den Respekt vor Andersdenkenden. Statt die Verleumdungsarie.

Man mag von der EU halten, was immer einem einfällt. Die Behauptung, dort werde «die Demokratie zu Grabe getragen», zeugt von unglaublicher Arroganz. Oder sind Deutschland, Frankreich, England, Österreich, Dänemark, Finnland, Schweden und weitere EU-Staaten etwa keine Demokratien? Wenn nicht, was dann? Demokraturen? Das zeigt, wie absurd es ist, sich als Totengräber profilieren zu wollen.

SP und Grüne wollten die Schweiz «in die EU treiben». Direkt ins Grab der Demokratie also. Moment, wer würde über den EU-Beitritt entscheiden? Doch das Stimmvolk. Es hat, da bin ich mir sicher, keine Lust am Untergang.

Man(n) kann doch gegen die SP losziehen, ohne sie gleich als Feind der Demokratie zu misshandeln. Bei uns ist die andere Partei der politische Gegner. Nicht der politische Feind. Die andere Meinung sei ein Akt des Vertrauens in die Demokratie, hatte der verstorbene US-Senator William Fulbright mal gesagt.

(Basler Zeitung, 5. 1. 2013)

Schleichender EU-Beitritt?

Es gibt Politiker, die hören das Gras im Bundeshaus wachsen, das es dort nicht einmal gibt.

Seit ich politisiere, haben wir meistens gerade den schwächsten Bundesrat gehabt. Gleichwohl halten wir Bundesräte für anständige Menschen, die sich bemühen, ihren Job recht zu machen. Das gelingt nicht allen gleich gut. Versager, wie der Appenzeller Hans-Rudolf Merz, sind aber die Ausnahme.

Falsch. Unsere Bundesräte agieren hinterhältig. Sind zu allem fähig, was Gott und die Bundesverfassung verbieten. Wie die Maulwürfe untergraben sie die Unabhängigkeit der Schweiz. Konkret: Heimlich wird der EU-Beitritt angestrebt. Rädelsführer ist offenbar Aussenminister Didier Burkhalter. Der sich immer so harmlos aufführt. Alles Tarnung.

Woher ich das weiss? Ich weiss gar nichts. Toni Brunner sagt das. Der SVP-Präsident behauptet, «es» zu wissen. In der BaZ vom 16. 5. 2013 packt er aus: «Herr Burkhalter will die Schweiz in die EU führen.» Wen wunderts, dass sein Stratege Christoph Blocher diese hinterlistige Absicht schon längst erkannt hatte. Er gründete deshalb «ein Patronatskomitee gegen den schleichenden EU-Beitritt». So die «Neue Zürcher Zeitung» vom 19. 9. 2012. Woher die SVP-Führung ihre Informationen hat, verrät sie nicht. Von Ueli Maurers Geheimdienst, nehme ich an.

Die SVP hält ihre Anhänger mit der «Operation Widerstand» bei guter patriotischer Laune. Mit dem Anspruch, die einzige Partei zu sein, die sich noch für eine unabhängige Schweiz einsetzt. Deshalb «wählen Schweizer SVP», so der Wahlslogan 2011.

Schluss mit dieser Märchenstunde auf der politischen Geisterbahn. Kein Bundesrat könnte einen EU-Beitritt heimlich, hinter unserem Rücken, erschleichen. Die Schweiz ist weder Berlusconi-land noch eine Bananenrepublik. Wenn, dann kann nur das Stimm-volk einen Beitritt beschliessen. An ihm führt kein Weg vorbei. Wer etwas anderes behauptet, tut das wider besseres Wissen. Hingegen ist wahr: Die EU will das Verhältnis mit der Schweiz neu regeln. Stichwort «Institutionalisieren». Gemeint ist ein Rahmenvertrag. Statt wie heute 120 bilaterale Verträge, die ständig angepasst und neu ausgehandelt werden müssen. Bei Differenzen soll eine Schlich-tungsinstanz entscheiden, wer recht hat. Der Bundesrat schlug vor, unser Parlament würde deren Mitglieder wählen. Mit dem Bundes-gericht als letzte Rechtsstufe. Das lehnt die EU erwartungsgemäss ab. Die Schweiz könne das nicht allein bestimmen. Nun macht «Bern» rechtsumkehrt, von einem Extrem ins andere.

Der Staatssekretär von Didier Burkhalter, Yves Rossier, hat im Bundeshaus kolossale Aufregung ausgelöst. Er hat aus Brüssel einen Vorschlag mitgebracht. Nämlich, den EU-Gerichtshof als Schieds-gericht anzuerkennen. Nicht klar ist, ob Burkhalters Chefdiplomat das im Einvernehmen mit dem Bundesrat getan hat. Wie auch immer: Der «Ausweg» führte in die innenpolitische Sackgasse.

Für Daniel Lampart vom Schweizerischen Gewerkschaftsbund «wäre das eine Katastrophe». Weil das EU-Gericht «schlimme Entscheide gegen Arbeitnehmerrechte gefällt hat».

SP-Chef Christian Levrat doppelt nach: «Das wäre das Ende unserer Schutzmassnahmen gegen ausländische Dumpinglöhne.» Das sind ganz neue Töne. So deutlich habe ich es noch nie erfahren, unsere Arbeitnehmer hätten von der EU nichts Gutes zu erwarten.

(Basler Zeitung, 1. 6. 2013)

Der letzte Tango mit Washington?

Es ist für die Schweizer Banken ein ganz tiefer Fall. Alle müssen sie in Washington vor der US-Justiz antraben. Wer sich weigert, kann das Dollargeschäft vergessen. Das ist für jede Bank ein Muss. Banker, die in den USA krumme Geschäfte machten, müssen büssen oder reisen sonst gescheiter nicht mehr dorthin. Einer, der in der Region wohnt und in Miami eine Zweitwohnung hat, meint: «Die kann ich vergessen.»

Angefangen hat es, Sie wissen es schon, natürlich mit der UBS. Ihr ehemaliger Mitarbeiter Bradley Birkenfeld hat vor der US-Steuerbehörde «gesungen». Lieferte sie ans Messer. Von da an wusste die US-Justiz, wie Swiss Banking funktioniert. Später musste die UBS Daten von US-Kunden an Washington preisgeben. Es brauchte dafür das Einverständnis des Bundesrats. Weil an sich das gesetzlich verankerte Bankgeheimnis solches verbietet. Es gab gar keine andere Wahl mehr. Sonst hätte die UBS in den USA Geschäftsverbot bekommen. Dort arbeiten aber mehr Leute für sie als in der Schweiz. Ohne US-Geschäft wäre eine Grossbank ein Papiertiger. Aus und Amen.

Der Verräter Birkenfeld hat sich selber belastet. Schliesslich war er für US-Kunden Berater gewesen. Deshalb kassiere er Gefängnis. «Nur» etwa zwei Jahre. Dafür ist er jetzt ein reicher Mann. Man zahlte ihm für seine «guten Dienste» 93 Millionen Dollar Kronzeugenhonorar.

Amerikanische Kunden, die ihr Vermögen steuerfrei bei der UBS parkiert hatten, trauten dieser Bank nicht mehr. Sie suchten und fanden andere. Diese anderen Banken werden es verfluchen, sich auf dieses heisse Geschäft eingelassen zu haben. Wer nach dem Fall UBS noch nichts gelernt hatte und trotzdem US-Kunden vor ihrem Fiskus hinter dem Bankgeheimnis versteckt hat, zählt in Washington zu den wirklich Unbelehrbaren. Gegen die nun knallhart vorgegangen wird. 14 Banken sind bei diesem Geschäft erwischt worden. Die Privatbank Wegelin in St. Gallen wartete das Urteil gar nicht erst ab. Sie gab auf. Das heisst, Raiffeisen hat sie aufgekauft. Wegelin heisst jetzt Bank Notenstein. Den 13 Übriggebliebenen wird der Prozess gemacht. Es wird mit hohen Bussen gerechnet. Die Rede ist von zehn oder noch mehr Milliarden Dollar. Bekanntlich wartet auch die Basler Kantonalbank auf ihr Urteil.

Das ist nicht alles. Es müssen alle Schweizer Banken auf die Knie. Die Amerikaner teilen sie in vier Gruppen ein. Gruppe eins sind die 13 erwähnten Banken. Zur Gruppe zwei gehören jene, die für Steuerhinterziehung zu haben waren. Und das zugeben. Gruppe drei ist für die Unschuldigen. Banken die erklären, eine saubere Weste zu haben. Das genügt der US-Justiz nicht. Sie müssen ihre Unschuld nachweisen können. Das über Jahre hinweg lückenlos zu dokumentieren, sei wahnsinnig kompliziert. Sagen Kenner. Gruppe vier ist für kleine Lokalbanken. Die einzigen, die «keusch» sind.

Normalerweise muss nicht der Angeklagte seine Unschuld nachweisen, sondern der Kläger dessen Schuld. Mit Schweizer Banken wird umgekehrt verfahren. Das ist eine Sauerei. So darf man auch mit Banken nicht umspringen. Dass sie sich das gefallen lassen müssen, zeigt, wie das Bankgeheimnis abgewirtschaftet hat. Es ist international mausetot. Fremde Richter entscheiden, was für Schweizer Banken Recht bedeutet. So weit ist es also gekommen. In der Branche hofft man nur noch auf eines: dass es der letzte Tango mit der US-Justiz sein möge.

(Basler Zeitung, 21. 12. 2013)

Pakt der Vernunft lästige Kumpanei?

An der Zürcher Bahnhofstrasse wird das ehemalige Bally-Haus umgebaut. Neuer Mieter ist die Modekette Zara. Sie gehört zum spanischen Mischkonzern Inditex. 2013 meldete er einen Gewinn von 2,4 Milliarden Euro. Die Bauarbeiten in Zürich werden von der konzerneigenen Firma Goa Invest ausgeführt. Zu spanischen Löhnen von 900 bis 2000 Euro. Auf Franken umgerechnet plus etwa 25 Prozent.

Beim Abkommen der EU über die Personenfreizügigkeit sind «flankierende Massnahmen» eingeführt worden. Vereinbart von der Wirtschaft, den Gewerkschaften und der Politik. Taktgeber war der damalige Wirtschaftsminister Pascal Couchepin. Es geht darum, Schweizer Löhne vor ausländischen Dumping-Angeboten zu schützen. Nur so konnte die Unia-Gewerkschaft beim Zara-Umbau einschreiten. Sie verlangte, die Differenz zum Lohn gemäss dem Gesamtarbeitsvertrag im Baugewerbe müsse nachgezahlt werden. So lange wurde der Baubetrieb eingestellt. Gearbeitet wird wieder, seit Goa Invest 450 000 Franken auf ein Sperrkonto eingezahlt hat. Plus eine Spende von 150 000 Franken an das Hilfswerk Solidar Schweiz.

Im letzten Herbst passierte das Gleiche im Hauptbahnhof Zürich. Am 15. Juni wird die unterirdische Strecke mit dem Bahnhof an der Löwenstrasse eröffnet. Die Linie verbindet die Bahnhöfe Zürich Altstetten, Hauptbahnhof und Oerlikon. Im Dezember 2015 wird dann die unterirdische Durchmesserlinie St.Gallen–Zürich–Bern–Genf in Betrieb gehen. Auf dieser gigantischen Baustelle beschäftigte ein Subunternehmer 30 ungarische Spezialisten zu ungarischen Billiglöhnen. Auch hier schritt die Unia ein. Die Arbeiten wurden unterbrochen. Bis der von den

SBB beauftragte Generalunternehmer in Winterthur 700 000 Franken nachschoss.

Das müsse aufhören, meint *Die Weltwoche*, Ausgabe 11/2014: «Wie kann es sein, dass ein auf dem Papier liberaler Wirtschaftsminister (Johann Schneider-Ammann) die Chance nicht ergreift, die ‹flankierenden Massnahmen› wegzuräumen?» Mit dem Ja zur SVP-Initiative gegen die Masseneinwanderung seien die flankierenden Massnahmen hinfällig geworden, heisst es. Endlich könne «die zehnjährige Kumpanei zwischen Wirtschaft, Gewerkschaften und Politik» beendet werden. Aber dazu sei Schneider-Ammann «unfähig». Was da als Kumpanei verhöhnt wird, ist ein Pakt der Vernunft. Ist der Kompromiss zwischen rechts und links, zwischen Arbeitgebern und Gewerkschaften, Schweizer Löhne nicht dem ruinösen Wettbewerb auf der freien Wildbahn zu opfern. Dazu ist ein freisinniger Bundesrat noch imstande. Offenbar zum Leidwesen der *Weltwoche*.

Auch in der *Weltwoche* bläst Silvio Borner, emeritierter Wirtschaftsprofessor, ins gleiche Horn: «Pikant ist, dass die grössten volkswirtschaftlichen Kosten von den ‹flankierenden Massnahmen› ausgehen, die wir ganz souverän und das gegen den Protest der EU eingeführt haben.» Borner findet das wohl unverschämt, Dumpinglöhne einfach, und das erst noch «gegen den Protest der EU», zu verbieten. Offenbar gehört sich das nicht. Er begehrt schon seit Jahren, Polen sollten bei uns zu polnischen Löhnen arbeiten können. Gemeint sind etwa Bauarbeiter, nicht Professoren.

Weshalb sollen für Schweizer Arbeitnehmer polnische oder spanische Billiglöhne gut sein? Das müsste man uns mal erklären. Das hat Silvio Borner noch nie getan. Ihm genügt: «Ich bin weder links noch rechts, ich bin quer.»

(Basler Zeitung, 19. 4. 2014)

Einst populärer als unsere Bundesräte

Hätte Hitler-Deutschland im Zweiten Weltkrieg gesiegt, wäre die Schweiz ins Dritte Reich einverleibt worden. Nicht auszudenken, wo wir heute stünden. Gerettet haben auch uns die USA. Zwar hatte die Sowjetunion im Kampf gegen Hitlers Russlandfeldzug mit etwa 20 Millionen Toten die grössten Verluste erlitten. Aber die deutsche Wehrmacht war nach Anfangserfolgen im russischen Winter regelrecht erfroren. Die USA hatten inzwischen Stalins Rote Armee mit Waffen ausgerüstet. US-Präsident Franklin Delano Roosevelt hatte 1943 Hitler den Krieg erklärt. Das war die Wende. 1944 landete die US Army an der Westküste Frankreichs. Unterstützt von britischem Militär und den französischen Truppen von de Gaulle. Die Wehrmacht wurde zwischen Ost- und Westfront aufgerieben.

Roosevelt musste sein Volk vom Kriegseintritt überzeugen. Ohne seinen Mut, ohne sein unermüdliches Engagement wäre die Geschichte wohl anders verlaufen. Damals musste man kaum jemandem erklären, was wir Roosevelt zu verdanken hatten. Der grosse Staatsmann genoss hierzulande eine Popularität, die wir uns kaum mehr vorzustellen vermögen. Einzig beim 1963 in Dallas ermordeten John F. Kennedy wiederholte sich die Begeisterung für einen US-Präsidenten. Ich erfuhr von seinem Tod in einem Bistro in Cannobio, dem italienischen Grenzdorf nach Brissago. Alle hatten Tränen, waren traurig, weinten.

Und heute? US-Präsident George W. Bush befahl 2003 den Einmarsch in den Irak. Drei Monate später feierte er auf einem Schlachtschiff grossmäulig den Sieg über den Diktator Saddam Hussein. Dem er vorgeworfen hatte, Massenvernichtungswaffen zu besitzen und mit Al Qaida verbündet gewesen zu sein. Beides war gelogen, gab nach Jahren sein Aussenminister Colin Powell öffentlich zu. Saddam Hussein, das hingegen traf zu, hatte mit blutiger Hand regiert. Aber in Washington war er jahrelang «unser Mann» in Nahost gewesen. Die Amerikaner lieferten ihm Waffen noch und noch. Dann erklärte Bush, der Irak müsse demokratisiert werden. Gerade erleben wir das Gegenteil. Das Land zerfällt in einem mörderischen Bürgerkrieg.

Nach elf Jahren Krieg im Irak ist Washingtons Bilanz vernichtend. 5000 Tote der US Army, Zehntausende umgekommene Zivilisten, tägliche Terroranschläge, Hunderttausende auf der Flucht, vier Billionen Dollar Kriegskosten (4000 Milliarden), Bagdad von Gotteskriegern bedroht. Die Lage ist chaotisch und fast hoffnungslos. Präsident Barack Obama muss hoffen, Iran werde helfen, das Regime im Irak zu retten. Ausgerechnet Iran, der Staat, mit dem die USA seit 30 Jahren keine diplomatischen Beziehungen mehr haben. So tief ist die Weltmacht gesunken.

Gotteskrieger sind daran, den Islamischen Staat im Irak und in Syrien (Isis) zu bilden. Von Aleppo in Syrien bis Mosul im Irak «entsteht ein Taliban-Afghanistan II», stellt *Die Zeit* aus Hamburg fest. Brutale Isis-Krieger kämpfen gegen Syriens Machthaber Bashar al-Assad. Langsam dämmerts westlichen Politikern, Assad könnte das kleinere Übel sein. Im Irak haben die Gotteskrieger die Stadt Mossul, drei Millionen Einwohner, kampflos eingenommen. Mitsamt riesigen Waffenlagern «made in USA». Die x-mal grössere Armee des Irak wird buchstäblich überrannt. Und flüchtet schneller als die Zivilisten. Für die USA wird der Irak zum Albtraum. Ex-Präsident Bush & Co. haben dem Westen unermesslichen Schaden zugefügt. Die Zeit ist vorbei, als ein US-Präsident populärer war als Schweizer Bundesräte.

(Basler Zeitung, 21. 6. 2014)

Jetzt ist es auch noch «Hitlers EU»

Ist, wer für den EU-Beitritt votiert, gleichwohl ein guter Schweizer? Ja, selbstverständlich. Demokratie braucht die andere Meinung. Das ist ihr Markenzeichen. Verbissene EU-Gegner sehen das anders. Sie stellen die EU als Bedrohung dar. Würde ihr die Schweiz beitreten, behaupten sie, gingen Freiheit, Unabhängigkeit und Neutralität den Bach hinunter. Die Schweiz würde kolonialisiert. Mit diesem Argumentationsmuster wird seit Jahren eine Drohkulisse aufgezogen. Als ob die EU unser Feind wäre.

Gegenfrage: Weshalb denn sind die ehemaligen Satellitenstaaten Moskaus in der EU? Weshalb begehrten Polen, Ungarn, Tschechien, die Slowakei, Estland, Litauen, Lettland, Rumänien und Bulgarien, kaum hatten sie sich vom Sowjetjoch befreit, so schnell wie nur irgend möglich die EU-Mitgliedschaft? Doch sicher nicht, um ihre Unabhängigkeit erneut aufzugeben. Die EU ist für sie eine Schutzgemeinschaft. In der sie ihre Nationalität offensichtlich gestärkt sehen.

Nach dieser Auslegeordnung möchte ich auf die banale, aber halt doch entscheidende Tatsache verweisen: Diese EU existiert. Wem immer sie passt oder eben nicht, sie ist erst noch unser wichtigster Handelspartner. Da die Wirtschaft nicht nur aus Unternehmern und Managern besteht, geht das alle an. Wir müssen mit der EU leben. Müssen uns mit ihr arrangieren. Wir haben keine andere Wahl. Ob man für oder gegen den EU-Beitritt ist.

Nun hat Roger Köppel, Chefredaktor der *Weltwoche*, die EU ideologisch neu definiert. Ein obskurer britischer Journalist namens John Laughland ist sein Souffleur. Dieser Geschichtsfälscher behauptet, «dass die Idee eines geeinten Europas bereits ein Leitmotiv der Nazis war». Und «zum Kern von Hitlers Bestrebungen gehörte». Auch Propagandaminister Joseph Goebbels sei ein «glühender Europäer» gewesen. Sogar die SS, Abkürzung für Schutzstaffel, Hitlers mörderische Leibgarde, schafft es in Köppels Zeugenstand. Deren Auftrag sei gewesen: «Die Waffen-SS kämpft für Europa.» Nun muss man wissen, die SS-Totenkopfverbände hatten die Konzentrationslager «verwaltet».

Köppel hat den abstrusen Einfall, eigentlich sei die EU eine Idee der Nazis gewesen. Sein Editorial von letzter Woche hat denn auch den Titel: «Hitlers EU». Das ist ein ungeheuerlicher Text. Das ist Rufmord an der EU. Hitler hatte schon einen Plan für sein Europa. Die Wehrmacht eroberte ein Land nach dem anderen. Hätte sie den Krieg gewonnen, wäre «Hitlers EU» das Dritte Reich gewesen. Nach dem Jubelgesang der Nazi-Hymne: «Deutschland, Deutschland über alles».

Das Dritte Reich basierte auf Gewalt, Vorherrschaft, Unterdrückung. Die 28 Mitgliedstaaten sind der EU freiwillig beigetreten. Zumindest das müsste auch ein professioneller EU-Gegner anerkennen. Zumal diese Europäische Union die erfolgreichste Friedensgemeinschaft Europas ist. Diese grossartige historische Leistung ist unbestritten. Weil sich nach dem Zweiten Weltkrieg Gegner die Hand zur Versöhnung gereicht hatten. Voran der Franzose Charles de Gaulle, der Deutsche Konrad Adenauer, der Italiener Alcide De Gasperi, der Belgier Paul Spaak. Sie waren von der Idee beseelt: «Nie wieder Krieg». Die EU ist in diesem Geist entstanden und nicht in dem von Hitler. Die als Wirtschaftsunion bei uns umstrittene EU ist der Friedensgarant geblieben. Köppel müsste sich für seine Schreibe in Grund und Boden schämen. Dazu ist er überfordert.

(Basler Zeitung, 28. 6. 2014)

Vom bilateralen Weg ab in die Sackgasse

Mal war der bilaterale Weg Christoph Blochers Alternative zum EWR-Abkommen. Mit dem wäre der Zugang zum Europäischen Wirtschaftsraum, zum EU-Binnenmarkt also, ein für alle Mal geregelt worden. Blocher hat das mit seiner Nein-Mehrheit bei der Abstimmung vom 6.12.1992 verhindert. Als Ersatz wurden die bilateralen Verträge ausgehandelt.

Seit 2008 haben wir die Personenfreizügigkeit. Sie brachte offene Grenzen. Wer in der Schweiz eine Stelle findet, kann hier arbeiten. Umgekehrt auch Schweizer im EU-Raum. Unser Arbeitsmarkt ist im kriesengeplagten Europa attraktiv. Wie eine Oase in der Wüste. Zuletzt kamen jährlich 80 000 EU-Ausländer zusätzlich zu uns. Familienangehörige mitgezählt. Am 9. Februar stimmte eine Mehrheit für die SVP-Initiative «gegen die Masseneinwanderung». Damit wird die Personenfreizügigkeit duch Kontingente abgelöst. Bund und Kantone bewilligen, wie viele Ausländer kommen dürfen. Das Kontingentsystem hatten wir bereits vor 2008. Es brachte übermässig viele ungelernte Arbeitskräfte für den Bau, die Gastronomie und Landwirtschaft. Mit den offenen Grenzen rekrutierten die Unternehmen vor allem gut ausgebildetes Fachpersonal. Und zwar zahlenmässig unbegrenzt. Das löste beim Volk ein Unbehagen aus: «Jedes Jahr 80 000 mehr, soll das ewig so weitergehen?» Offene Grenzen für 500 Millionen EU-Bürger wecken Ängste, die Schweiz könnte «überschwemmt» werden.

Der Bundesrat hat drei Jahre Zeit, das mit der EU zu regeln. Die hat bereits reagiert. Kontingente seien mit der Personenfreizügigkeit unvereinbar. Darüber werde gar nicht verhandelt. Nun müssten die Parteien zusammenstehen. Ein Land ist dann stark, wenn es nach aussen geschlossen auftritt. Genau das passiert nicht.

Blochers SVP und namhafte Mitläufer gehen auf Konfrontationskurs total. Sie wollen den bilateralen Weg verlassen und riskieren den Bruch mit der EU. Sie greifen auf das Freihandelsabkommen Schweiz–EU von 1972 zurück. Das genüge als Basis für gegenseitige Beziehungen. 1988 jedoch hatte der damalige EU-Kommissionspräsident Jacques Delors das Gegenteil erklärt. Das Verhältnis mit der Schweiz müsse neu ausgehandelt werden. Mit dem EWR-Abkommen als Vorgabe. Daraus ist der bilaterale Weg geworden. Mit dem Salto rückwärts beisst sich die SVP-Katze in den eigenen Schwanz.

Die SVP wählt noch konsequenter als bisher den politischen Alleingang. Fraktionschef Adrian Amstutz sagt in der NZZ vom Montag, wieso: «Der Bruch kam mit Blochers Abwahl.» Das mag mitspielen und wäre verständlich. Nur: Unter Blochers Regie ist die SVP eine mitregierende Oppositionspartei geworden. Abwahl hin oder her. Ohne Kooperationsbereitschaft in der Ausländer-, Flüchtlings- und Aussenpolitik.

Ich höre, lese, treffe kaum Meinungsmacher, denen die EU und der bilaterale Weg «wurscht» sind. Jörg Reinhardt, Präsident des Novartis-Verwaltungsrats, sagt, was gilt: «Der bilaterale Weg ist extrem wichtig.» Jetzt bräuchte es den Pakt der Vernunft. Den Schulterschluss der übrigen bürgerlichen Parteien mit der Linken. Das wäre die Stunde der FDP. Mit einem René Rhinow, Ulrich Bremi oder Gilles Petipierre wäre das möglich gewesen. Mit der FDP heute? Wohl kaum. Dann haben wir unsere EU-Krise. Unsere Notlage mit dem wichtigsten Handelspartner. Mit dem Fatalen innenpolitischen Patt: Die SVP will nicht, die FDP kann nicht. Da bleibt nur Galgenhumor: «Die Lage ist hoffnungslos, aber nicht ernst.»

(Basler Zeitung, 9. 8. 2014)

Kurden kämpfen auch für unsere Freiheit

Anfang 2003 marschierte die US Army im Irak ein. Nach drei Monaten erklärte Präsident George W. Bush den Krieg voreilig für beendet. Er dauert nun schon zwölf Jahre. Vor einem Jahr sind die amerikanischen Truppen abgezogen. Seither herrscht im Irak das blanke Chaos. 10 000 bis 15 000 islamische Terrormilizen haben in wenigen Wochen weite Gebiete bis nach Syrien hinein erobert und den Islamischen Staat (IS) ausgerufen. Mit einer Schreckensherrschaft, brutaler als alle bisher bekannten Formen des radikalen Islam.

Die IS-Milizen nennen sich Gotteskrieger. Für die sind Andersgläubige Ungläubige. Sie werden verfolgt, gefoltert, ermordet. Hunderttausende sind auf der Flucht. Die irakischen Kurden haben allein eine halbe Million Flüchtlinge aufgenommen. Sie haben im Nordirak ihr autonomes Kurdistan installiert. Das von den IS-Barbaren bedroht wird. 1988 hatte der damalige Diktator Saddam Hussein einen Vernichtungsfeldzug gegen die Kurden geführt. Dabei sollen bis zu 180 000 Menschen massakriert worden sein. «Nie wieder», haben sie sich geschworen.

Die nordirakischen Kurden werden in ihrem Kampf gegen die IS-Milizen von der PKK, der Partei der türkischen Kurden, unterstützt. Die Gotteskrieger haben nicht nur die irakische Armee in die Flucht geschlagen, sie erbeuteten dabei eine Unmenge Waffen «made in USA». Die Kurden sind ihnen waffentechnisch haushoch unterlegen. Sie brauchen Waffen.

Die USA, Frankreich und nun auch Deutschland werden sie ihnen liefern. Die Kurden sind die letzte Bastion gegen den IS-Terror. Einzig unterstützt von der US-Luftwaffe. Verteidigungsministerin Ursula von der Leyen begründet die deutsche Waffenhilfe:

«Wenn sich ein Völkermord nur mit deutschen Waffen verhindern lässt, dann müssen wir helfen.» Aussenminister Frank Walter Steinmeier mahnt. Wolldecken und Hilfskonvois genügen nicht mehr. Papst Franziskus hält Waffenhilfe für legitim, weil beten allein nicht mehr ausreiche. Ein *Stern*-Reporter schreibt vom Tatort aus: «Was ist falsch daran, Völkermord zu stoppen? Wohl nur die Fragestellung.»

Die islamischen Terrormilizen sind die gefährlichste und am besten ausgerüstete Verbrecherbande. Und stellen punkto Brutalität den einstigen Terroristen Osama bin Laden in den Schatten. «Hinzu kommt», sagt Ursula von der Leyen, «der hohe Anteil jihadistischer Kämpfer (Jihad = Gottesstaat) aus Europa, kriegserfahren, verroht, fanatisiert werden sie zurückkehren – und tragen Hass und Gewalt zu uns.»

Die deutsche Regierung erklärt, «die Dinge gehen uns etwas an. Wenn wir wirtschaftlich und politisch global handeln, dann sind wir auch sicherheitspolitisch herausgefordert.» 2005 hat die UNO die Konvention für «Schutzverantwortung» erlassen, die Staaten verpflichtet, bedrohten Völkern zu helfen. Im Irak gehe es auch um das humanitäre Völkerrecht, das verletzt werde.

Deutschland hat als mittlere «Grossmacht» andere Möglichkeiten und andere Verpflichtungen als der neutrale Kleinstaat Schweiz. Unser Beitrag ist der Sitz des Internationalen Komitees vom Roten Kreuz, ist die Genfer Konvention, das humanitäre Völkerrecht also. Militärisch unterstützen andere die Kurden. Weil das, was im Irak passiert, zugleich Europa bedroht. So gesehen kämpfen die Kurden auch für unsere Freiheit.

(Basler Zeitung, 30. 8. 2015)

Frankenkrise und Bruch mit der EU?

Ein Bürger fragt mich, ob wir uns den Franken überhaupt noch leisten können. Reflexartig antworte ich: «Natürlich». «Wieso bringt uns denn die Nationalbank in diese Schieflage?» Gemeint ist der am 15. Januar aufgehobene Euro-Mindestkurs von 1.20 Franken. Womit das Ferien- und Exportland Schweiz um bis zu 20 Prozent teurer geworden ist. Experten streiten, ob das unvermeidbar war. Zumal die Konjunkturforschungsstelle der ETH Zürich nun eine Rezession für wahrscheinlich hält.

Bis am Tag vor dem 15. Januar schien noch alles bestens zu sein. Die Wirtschaft war ein paar Wochen zuvor zum fünften Mal in Folge als die wettbewerbstärkste der Welt ausgezeichnet worden. Und jetzt dies: «Schweizer Industrie steht vor einer Welle der Produktionsauslagerungen» (*NZZ am Sonntag*, 1. 2. 2015). Im Klartext: Der teure Franken vertreibt Firmen ins und Feriengäste aus dem Ausland und gefährdet Arbeitsplätze.

Für Credit Suisse «hat die Aufgabe des Euro-Mindestkurses bei den Schweizer Industriefirmen zum stärksten Einbruch seit der Finanzkrise geführt». Jedes siebte Unternehmen plane die mögliche Verlagerung ins Ausland. Der Tourismuschef von Zermatt nennt das Befinden «Existenzgefährdung». Die Hotellerie in Zermatt sei nun doppelt so teuer wie im Euroland Österreich. Daran ändert das Matterhorn leider nichts.

Das Wirtschaftsklima hat sich dramatisch verschlechtert. Marktgläubige Neoliberale allerdings sind überzeugt, der enorme Kostendruck werde einen Innovationsboom auslösen. Unternehmen seien dann am kreativsten, wenn sie gefordert würden. Der harte Franken als schöpferisches Erfolgsgeheimnis also. Vorläufig herrscht vom Chef bis zur Belegschaft hinab Unsicherheit. Bereits melden erste Firmen Lohnkürzungen. Selbst Economiesuisse rät davon ab.

Gefordert ist die Politik. Einfache Rezepte hat sie nicht, gibt es nicht. Parteien und ihre Repräsentanten wirken etwas ratlos. Was verständlich ist. Der 15. Januar war ein Schock. Die Nationalbank hat den Tarif durchgegeben, ohne die Politik auch nur zu konsultieren. Für FDP-Präsident Philipp Müller ist es «fünf vor zwölf». Auf dem Spiel stehe «die Zukunft der Schweiz». Die FDP verschreibt als Kur weniger Staat, weniger Gesetze, weniger Bürokratie, weniger Steuern. Vorgeschlagen wird der Einheitssatz bei der Mehrwertsteuer. Damit würden Lebensmittel höher und Luxus weniger als bisher belastet. Mit diesem Bastard ist ihr Bundesrat Hans-Rudolf Merz schon einmal grandios gescheitert.

SVP-Präsident Toni Brunner hat FDP und CVP zum innenpolitischen Alleingang eingeladen. Devise: «Wir lösen die anstehenden Probleme ohne die anderen.» Christoph Blocher ist parat, sobald die EU die Kontigentierung bei der Zuwanderung definitiv ablehnt: «Dann lancieren wir sofort eine Volksinitiative zur Kündigung der Personenfreizügigkeit» (*Nordwestschweiz*, 31.1.2015). Zur Frankenkrise noch der Bruch mit der EU. Damit wäre, tönt es aus der Wirtschaft, der Zapfen wirklich ab. Bisher hielt ich dieses Szenario für eine taktische Drohkulisse. Dem Chefideologen jedoch ist es ernst. So müssen wir es auch nehmen.

Will das die Mehrheit? Will sie eine zweite Front gegen die EU? Mit dem wichtigsten Handelspartner? Ich glaube, die Leute erwarten etwas anderes – den nationalen Schulterschluss von rechts bis links. Bei Gefahr rücken Schweizer zusammen, nicht auseinander. Das lehrt uns doch die Geschichte.

(Basler Zeitung, 7.2.2015)

Unser gemeinsames Haus

«Wie viele Divisionen hat der Papst?» Mit dieser Frage hatte Stalin als Diktator der kommunistischen Sowjetunion auf seine Art den Vatikan disqualifiziert.

Der Papst hat nur als moralische Autorität Macht. Die zeitweise schmerzlich vermisst wurde. Ich denke etwa an die verheimlichten Missbrauch-Skandale durch das Bodenpersonal des Heiligen Vaters. Oder an das Versagen im Zweiten Weltkrieg. Als sich der Vatikan beschämend opportunistisch mit dem Mussolini-Faschismus arrangiert, als der Papst zu den Judenverfolgungen und Konzentrationslagern im Dritten Reich geschwiegen hatte. Rolf Hochhuth holte diese Schande vor dem Herrn mit seinem Bühnenstück «Der Stellvertreter» ins öffentliche Bewusstsein zurück.

Papst Franziskus hingegen fasziniert mich auch als Nichtkatholik. Es ist seine Art, wie er das Amt ausübt, wie er lebt. Bescheiden ist für mich nicht das richtige Wort. Das ist in dieser pompösen Kulisse gar nicht möglich. Aber Papst Franziskus verzichtet auf unnötigen Prunk. Er bricht aus Traditionen aus, die gegen alles verstossen, was heilig war. Dieser Papst ist als moralische Autorität glaubwürdig. Das beeindruckt die Menschen weit über seine Kirche hinaus.

Wir leben in einer schnelllebigen Zeit. Anstehende oder erwartete Reformen sollten lieber schon gestern als heute erfolgen. Bereits haben sich ungeduldige Stimmen gemeldet, Papst Franziskus lasse seinen Worten zu wenig Taten folgen. Als ob es im Vatikan diesen rückständigen, teils reaktionären Klerus nicht gäbe, mit Strukturen, die das System in Jahrhunderten gefestigt haben. Die halten einiges aus. Aber es ist nun ein «Chef» da, der seine Kirche näher an die Gläubigen heranführen möchte. Weg von einem Moralkodex, der sie ständig mit ihr in Konflikt bringt. Mir imponiert, wie dieser Papst Tabus abräumt. Ich denke da an seine jüngste Botschaft, Enzyklika genannt.

Papst Franziskus verlässt sich nicht allein auf den lieben Gott. Er hat mit seiner Enzyklika ein Öko-Manifest verkündet. Zusammen mit einem Naturwissenschafter. Das hat es im Vatikan so noch nie gegeben. Und diese «Firma» hat gemäss dem Kalender zwei Jahrtausende hinter sich. Um was geht es?

Neben dem Papst sass auf dem Podium Deutschlands bekanntester Klimaforscher, Hans Joachim Schellnhuber. Er ergänzte mit seinen Ausführungen, wieso sich der Papst mit der Enzyklika zum Klimawandel äussert. Der Deutsche redete auch im Vatikan Klartext. Da wird nicht gerätselt, ob es den Klimawandel gibt oder nicht. Ob er von Menschen gemacht wird oder ob die Natur schon immer diese Wetterkapriolen vollführt hat. Die Klimaerwärmung sei hausgemacht. Es helfe überhaupt nicht weiter, das leugnen zu wollen. Der Papst hat sich dem angeschlossen. Aber es ist seine Enzyklika, es ist sein Appell an die Menschheit.

Zwei Zitate daraus: «Niemals haben wir unser gemeinsames Haus so schlecht behandelt und verletzt wie in den beiden letzten Jahrhunderten.» – «Wenn jemand die Erdenbewohner von aussen beobachten würde, würde er sich über ein solches Verhalten wundern, das bisweilen selbstmörderisch erscheint.»

Der Politik wirft der Papst vor, zu schwach auf «die grösste Herausforderung unserer Zeit» einzugehen. Sie habe sich dem Diktat der Finanzmärkte und der Wirtschaft unterworfen. Der «vergötterte Markt dominiert alles». Dieser Markt fordert immer noch mehr Wachstum, noch mehr Gewinn, noch mehr Verschwendung im reichen Westen. Auf Kosten der Natur und Umwelt.

Das alles ist bekannt. Neu hat sich nun auch Papst Franziskus mit seinem Öko-Manifest zu Wort gemeldet.

Gegen Ende Jahr findet in Paris ein Klimagipfel statt. Viel Zeit zum Streiten, wie bedrohlich die Klimaerwärmung sei oder nicht, bleibt nicht mehr. Es mag ja sein, dass sich Tausende Klimaforscher irren. Dass wir uns alle täuschen, obschon Unwetter auch in der Schweiz verheerender geworden sind. Mir wäre lieber, den Verantwortlichen beim Krisengipfel in Paris würde etwas zu denken geben: dass nun auch der Papst vor der Klimaerwärmung warnt. Sie als «grösste Herausforderung» sieht. Vielleicht hat seine moralische Überzeugungskraft mehr Wirkung als politische Argumente.

Es sagt sich so leicht, die Hoffnung stirbt zuletzt. Und doch möchten wir hoffen dürfen, die Staatengemeinschaft werde doch noch das Nötige gegen die bedrohliche Klimaerwärmung tun. Konkret, nicht auf dem Papier. Um «unser gemeinsames Haus» zu schützen.

(Schweizer Illustrierte, 29. 6. 2015)

Endloses Drama in Griechenland?

Eine Griechin kehrte nach 20 Jahren aus Afrika nach Athen zurück:

«Jetzt mache ich hier, was ich in afrikanischen Elendsvierteln getan habe. Essen an Obdachlose verteilen.»

Markus Somm hat im Leitartikel vom letzten Samstag vorausgesagt:

«Sollte sich die EU morgen mit Griechenland einigen, werden wir in ein paar Monaten wieder über das gleiche Drama berichten.»

Man muss davon ausgehen, dass dem so sein wird. Das neue Hilfsprogramm für Griechenland ist brutal hart. Die Rede ist von einem «Kolonialvertrag», der das Land in eine noch tiefere Misere führen werde. Es ist «das dunkelste Papier Europas seit dem Krieg», kommentiert der *Tages-Anzeiger*. Griechenland ist seit 2010 pleite. Die im globalen Spielcasino an der New Yorker Wall Street ausgelöste Finanzkrise hatte ihm den Rest gegeben. EU, Europäische Zentralbank und Internationaler Währungsfonds, Troika genannt, haben für 230 Milliarden Euro Hilfsprogramme finanziert. Trotzdem geht es dem Land heute noch schlechter. Die Staatsschulden und die Arbeitslosigkeit haben zugenommen, die Leistung der Wirtschaft hat um 25 Prozent abgenommen. «So etwas schafft sonst nur ein Krieg.» (*Tages-Anzeiger*, 15.7.2015)

Was ist da schiefgelaufen? Ist den Griechen nicht einmal mit Hunderten Euro-Milliarden zu helfen? Moment mal. Von 230 Milliarden sind über 200 an ausländische Banken überwiesen worden. Vorwiegend an deutsche und französische. Sie hatten dem griechischen Staat Geld geliehen und sind nun saniert worden. Es ist nicht Griechenland, es ist nicht seinem Volk, es ist den Banken geholfen worden. Das wird in Brüssel hartnäckig verschwiegen.

Die Schulden beim griechischen Staat sind geblieben. Nein, sie sind grösser geworden. Hingegen hat das von der EU verschriebene und von der Troika durchgesetzte Sparprogramm diesen Staat endgültig kaputtgespart. Der US-Ökonom und Nobelpreisträger Joseph Stiglitz ist entsetzt:

«Mir fällt kein Fall ein, in dem eine Depression jemals derart vorsätzlich herbeigeführt wurde.» (*Handelszeitung*, 2.7.2015)

Die Griechen könnten schuften wie die Verrückten, so Stiglitz, ohne «aus der durch diese Auflagen verursachten Misere herauszukommen».

Damit klar ist: Frühere, bis auf die Knochen korrupte rechte und linke Regierungen in Athen haben das Land in den Konkurs regiert. Das jetzige Drama ist, dass die Hilfe den Falschen geholfen hat. Der frühere deutsche Bundeskanzler Gerhard Schröder dazu: «Ich bin sicher, hätte man Kürzungen im selben Ausmass den Deutschen auferlegt, hätte es eine Revolution gegeben... Griechenland kann man, wenn man will, aus der Portokasse bezahlen.» (*Schweiz am Sonntag*, 28.6.2015)

Diese sarkastische Ironie richtet sich gegen Merkel. Er, Schröder, sagt damit durch die Blume, er hätte das besser gemacht.

Das diese Woche geschnürte Hilfsprogramm bringt Athen noch härtere Bedingungen. Dazu US-Ökonom Paul Krugman: Die harte Haltung der Euroländer sei nicht allein «Strenge, sondern komplette Zerstörung nationaler Souveränität». Berlin wehrt sich gegen «diese Dolchstosslegende».

Mehr als ein neues Kapitel der Hoffnung wurde nicht aufgeschlagen. Die EU hinterlässt eine miserable Visitenkarte. Sie hilft der Ukraine als Nicht-EU-Land kulanter. Da gehts halt gegen Russland.

(Basler Zeitung, 18.7.2015)

Von Helmut Hubacher ebenfalls bei Zytglogge erschienen

Hubachers Blocher

Erstausgabe 2014, 2. Auflage 2015, 232 Seiten
Mit Peter Bichsel-Interview
ISBN 978-3-7296-0880-1

Als Parteistratege hat Christoph Blocher Einmaliges vollbracht. Dass die SVP von der kleinsten Bundesratspartei zur stärksten aufgestiegen ist, geht auf sein Konto. Sein Machtanspruch ist unheimlich. Am liebsten würde er die SP zum Bundesrat hinauswerfen. Was soll da ein Sozialdemokrat über Blocher ein Buch schreiben? Gerade deshalb. Um auch die Rolle der SP darzulegen. In der Absicht, Blocher nicht zu verteufeln. Er hat viel bewegt. Er zwingt zum Nachdenken.

Geschichten à la carte

Kolumnen und Anekdoten
Erstausgabe 2010, 336 Seiten
ISBN 978-3-7296-0806-1

Wirtschaft, Gesellschaft oder Politik können uns auf verschiedene Arten nahegebracht werden. Von klugen Wissenschaftlern mit ihren fundierten Analysen. Oder von Leuten wie Helmut Hubacher. Er war nie ein Mann der Theorie. Seine ‹Hochschule› war das Leben. Es hat ihn geprägt. Der Autor ist sich treu geblieben. Als politischer Fürsprecher der Schwächeren in dieser Gesellschaft.

Schaubühne Bern

Bundesräte und andere Solisten
Erstausgabe 2007, 208 Seiten
ISBN 978-3-7296-0732-3

Immer spielen Politiker Haupt- und Nebenrollen. Gekonnt die einen, mühsam andere, mit allen Wassern gewaschen dritte. Politik ist untrennbar mit Personen verbunden. Mit ihnen wird gezeigt, wie die Bundeshausmechanik funktioniert. Der Autor versteht es, politische Vorgänge leicht verständlich zu beschreiben, auf amüsante, spannende und glaubwürdige Art.

Aktenzeichen CH

Micheline, Moritz, Merz & Co.
Erstausgabe 2004, 2. Aufl. 2004, 232 Seiten
ISBN 978-3-7296-0685-2

Der Bundesrat funktioniert als Kollegialbehörde. Sind Bundesräte wirklich Kollegen? Oder sind sie gemeinsam unausstehlich? Da schreibt einer, der die Bundeshausmechanik kennt und darüber kompetent, informativ, zuweilen humorvoll berichtet. Man spürt es, Helmut Hubacher ist mit Leib und Seele Politiker geblieben.

Wohlfahrt oder Talfahrt
Eine verunsicherte Schweiz

Erstausgabe 1997, 240 Seiten
ISBN 978-3-7296-0538-1

«Einer wie Hubacher – ein bald prägnanter, bald populistischer Formulierer –, könnte darum leicht der Versuchung erliegen, einfache Rezepte anzubieten. Hubacher tut das nicht. Er blickt zurück, er analysiert, er kritisiert.» *Weltwoche*

Tatort Bundeshaus

Erstausgabe 1994, 8. Aufl. 1996, 256 Seiten
ISBN 978-3-7296-0491-9

Offen und ungeschminkt gewährt uns Hubacher Einblick in die Mechanismen von Bern. Kritisch würdigt er die wirtschaftlichen und gesellschaftlichen Zusammenhänge und zeigt, wie zurückliegende Ereignisse nachhaltig ins aktuelle Tagesgeschehen einfliessen.